TRATAMENTO das RETRAÇÕES GENGIVAIS

Geraldo Muzzi Guimarães

TRATAMENTO das RETRAÇÕES GENGIVAIS

Colaboradoras:

Marisa Maria Ribeiro
Rafhaella Cedro Araújo

1ª edição
Brasil
2013

© Copyright 2013.
Ícone Editora Ltda.

Dados Internacionais de Catalogação na Publicação (CIP)
(Câmara Brasileira do Livro, SP, Brasil)

Guimarães, Geraldo Muzzi
  Tratamento das retrações gengivais / Geraldo Muzzi Guimarães; colaboradoras: Marisa Maria Ribeiro, Rafhaella Cedro Araújo. – 1ª ed. – São Paulo: Ícone, 2013.

  Bibliografia.
  ISBN 978-85-274-1234-6

  1. Cirurgia plástica. 2. Gengivas – Doenças – Tratamento. 3. Odontologia – Aspectos estéticos. 4. Periodontia. I. Ribeiro, Marisa Maria. II. Araújo, Rafhaella Cedro. III. Título.

13-03174

CDD-617.632
NLM-WU 300

Índices para catálogo sistemático:
1. Cirurgias plásticas periodontais: Odontologia.   617.632
2. Periodontia estética: Odontologia.   617.643

Projeto gráfico, capa e diagramação
Richard Veiga

Revisão
Juliana Biggi
Mariana Castanho

Revisão técnica
Geraldo Muzzi Guimarães

Proibida a reprodução total ou parcial desta obra, de qualquer forma ou meio eletrônico, mecânico, inclusive por meio de processos xerográficos, sem permissão expressa do editor (Lei nº 9.610/98).

Todos os direitos reservados à:
ÍCONE EDITORA LTDA.
Rua Anhanguera, 56 – Barra Funda
CEP 01135-000 – São Paulo – SP
Tels./Fax.: (011) 3392-7771
www.iconeeditora.com.br
iconevendas@iconeeditora.com.br

Dedicatória

Dedico esta obra a minha esposa Marry e
a meus filhos Bruno e Luiza, que sempre
me apoiaram em minha profissão.

Aos meus pais Orlando e Mazi
dedico também esta obra,
pois foram vocês que me incentivaram
durante o curso de graduação em Odontologia.

Apresentação

Estamos todos os dias absortos no trabalho e outros afazeres, convivendo com pessoas de toda a sorte de temperamentos e exigências.

O grau de exigência para se conseguir o sucesso pessoal e profissional aponta para um currículo impecável, um bom relacionamento e uma aparência pessoal invejável, que tem vital importância em um primeiro contato.

A Medicina e a Odontologia Estética estão focadas no objetivo para dar uma estética favorável, a fim de suprir a necessidade das pessoas neste quesito que cresce a cada ano, possivelmente atrelados ao que aponta as propagandas, novelas e histórias, cada vez mais dando importância à estética corporal.

A especialidade da Periodontia está sendo levada a se adequar a este, podemos chamar, "mercado", como já se adequou a dentística restauradora, que proporciona dentes mais brancos e com formatos condizentes com a proporção do rosto e sorriso dos pacientes.

Estudos têm demonstrado que as pessoas estão a cada dia observando ainda mais a sua estética gengival, queixando-se principalmente das retrações gengivais.

Com esta demanda, os clínicos estão sendo exigidos para a solução destes problemas relacionados à chamada estética vermelha, que refere-se à gengiva.

Os tratamentos desta condição estética periodontal desfavorável, têm evidenciado resultados promissores na devolução de uma raiz antes descoberta, para um elemento ou elementos dentais cobertos por um tecido gengival saudável e aspecto agradável, no que tange a cor, formato e textura dos tecidos que circundam os dentes.

Esta obra tem o objetivo de introduzir para os cirurgiões--dentistas clínicos e para os especialistas em Periodontia as cirurgias plásticas periodontais, o aprimoramento e o conhecimento mais profundo, das técnicas que tem como objetivo a realização da cobertura radicular, dando condições para que o profissional possa suprir o grau de exigência que os pacientes têm para com esta importante alteração estética periodontal.

Prefácio

Nossa sociedade tem denotado especial interesse à beleza corporal, estando a cavidade bucal inserida neste contexto. A odontologia apresentou grande avanço nos últimos anos, sendo a área da estética uma das que mais evoluiu. Uma prática clínica moderna necessita de conhecimento de conceitos interdisciplinares de estética que propiciem um resultado final satisfatório. Para tanto, o conhecimento dos tecidos periodontais e de suas possibilidades de tratamento tornam-se básicos.

Neste livro, o autor nos brinda com uma revisão profunda sobre o tema de cirurgia plástica periodontal, que vai desde tópicos básicos, como ficha clínica e princípios cirúrgicos, até uma sistemática coleta de informações de artigos científicos sobre possibilidades terapêuticas de técnicas atuais de recobrimento radicular. Há ainda, a apresentação da técnica de deslize coronal de tecido conjuntivo, técnica esta idealizada pelo autor, solucionando condição clínica específica onde as demais técnicas não apresentam resultados estético-funcionais satisfatórios.

Portanto, é para mim um orgulho muito grande prefaciar esta obra do Geraldo Muzzi Guimarães, com o qual desenvolvo longa amizade tendo sido, inclusive, seu orientador durante seu mestrado. Sua seriedade, disciplina, senso ético e visão clínica profunda fazem deste trabalho, algo a ser lido por todos que tenham interesse em evoluir com a odontologia.

Um abraço a todos.

Prof. Evandro Guimarães Aguiar
Doutor em Cirurgia Buco-Maxilo-Facial, Especialista em Periodontia e Coordenador do Curso de Cirurgia da UFMG.

Autor

Geraldo Muzzi Guimarães

Graduado em Odontologia pela Universidade de Itaúna, Minas Gerais.

Pós-graduação em Periodontia pela Universidade de Itaúna.

Pós-graduação em Periodontia pela USP – Bauru.

Especialista em Periodontia pela USP – Bauru.

Coordenador do Curso de Cirurgia Plástica Periodontal pela Associação Brasileira de Odontologia, Regional Divinópolis.

Autor da Técnica Mista e Reposição Coronal do Tecido Conjuntivo.

Pós-graduação em Cirurgia Plástica Periodontal pela Associação Paulista de Cirurgiões-Dentistas.

Trabalhos publicados pelas revistas *Periodontia* (SOBRAPE), *Associação Paulista de Cirurgiões-Dentistas*, *PerioNews* e *Brazilian Journal Oral Science*.

Pós-graduação em Cirurgia Mucogengival pela 3i do Brasil.

Clínica Privada em Periodontia – Divinópolis – Minas Gerais.

Colaboradoras

Marisa Maria Ribeiro

Graduada em Odontologia pela Universidade de Itaúna, Minas Gerais.

Pós-graduação em Periodontia pela Universidade de Itaúna.

Especialista em Periodontia pela Universidade de Itaúna.

Pós-graduada em Cirurgia Plástica Periodontal pela Escola de Aperfeiçoamento Profissional pela ABO regional Divinópolis.

Professora adjunta do Curso de Cirurgia Plástica Periodontal pela ABO regional Divinópolis (MG).

Clínica Privada em Periodontia – Divinópolis.

Rafhaella Cedro Araújo

Graduada em Farmácia.

Professora convidada do Curso de Cirurgia Plástica Periodontal pela ABO regional Divinópolis.

Índice

Capítulo 1
ANATOMIA DO COMPLEXO MUCOGENGIVAL, 17

Gengiva, 21
    Características Clínicas, 21
    Epitélio gengival, 26
Membrana periodontal ou ligamento periodontal, 28
    Componentes, 28
        1. Células, 28
        2. Fibras, 29
    Funções do ligamento periodontal, 31
        A. Função Física, 31
        B. Formadora, 31
        C. Sensorial, 31
        D. Nutritiva, 31
        E. Homeostática, 32
    Cemento, 32
        Classificação, 32
Osso alveolar, 33

Capítulo 2
MEDICAMENTOS USADOS NO TRATAMENTO DAS RETRAÇÕES GENGIVAIS, 37

Controle da ansiedade, 39
Anestesia local, 39
    Farmacocinética, 40

Anestésicos mais utilizados, **40**
    1. Lidocaína, **40**
    2. Prilocaína, **41**
    3. Mepivacaína, **41**
    4. Cloridrato de Bupivacaína, **41**
    5. Articaína, **42**
Vasoconstritores, **42**
Reações adversas, **42**

Antimicrobianos, 43
    Penicilinas, **43**
        Farmacocinética, **44**
        Classificação das penicilinas, **44**
        Reações adversas, **45**
    Cefalosporinas e Cefamicinas, **45**
    Monobactâmicos, **45**
        Inibidores da beta-lactamase, **45**
    Cloranfenicol, Tetraciclinas Macrolídeos Clindamicina, **46**
    Cloranfenicol, **46**
    Tetraciclinas, **46**
    Macrolídeos (Eritromicina, Azitromicina), **46**
    Clindamicina, **47**
    Sulfonamidas, Trimetoprina e Quinolonas, **47**
        Sulfonamidas, **47**

Anti-inflamatórios, 48
    Anti-inflamatórios não esteroides (AINE), **49**
        Aspirina, **49**
    Anti-inflamatórios inibidores seletivos de COX-2, **50**
    Inibidores não seletivos da COX, **50**
        Diclofenaco, **50**
        Ibuprofeno, **50**
        Ácido mefenâmico, **50**
        Glicocorticoides, **50**

Analgésicos, 52
    Usos clínicos dos analgésicos opioides
    (Segundo KATZUNG, 1998), **53**
        1. Analgesia, **53**
        2. Tosse, **53**
        3. Anestesia, **53**
        Efeitos adversos, **53**

Capítulo 3
INTRODUÇÃO À PLÁSTICA PERIODONTAL, 55

Definição e sinomínia das retrações gengivais, 60

Capítulo 4
ETIOPATOGENIA DAS RETRAÇÕES GENGIVAIS, 63

Fatores etiológicos, 65
Etiopatogenia, 69

Capítulo 5
REVISÃO DA LITERATURA, 73

Classificação das retrações gengivais, 78

Capítulo 6
PRINCÍPIOS BÁSICOS COMUNS DO TRATAMENTO DAS RETRAÇÕES GENGIVAIS, 83

Exame inicial, indicações e cuidados com a terapia, 85
Controle do biofilme dental, 92
Assepsia, 94
Descontaminação radicular, 94
Cuidados na remoção dos enxertos na área do palato, 97
Suturas, 101
Cimento Cirúrgico, 102
Pós-operatório, 102

Capítulo 7
TRATAMENTOS DAS RETRAÇÕES GENGIVAIS, 107

Retalhos pediculados, 109
    Deslize Lateral do Retalho (DLR), 109
        Técnica Cirúrgica do Deslize Lateral do Retalho, 111
        Casos clínicos, 113

Retalho de Dupla Papila (RDP), **116**
    Técnica cirúrgica, **116**
    Caso clínico, **118**
Deslize Coronal do Retalho (DCR), **119**
    Técnica cirúrgica, **120**
    Casos clínicos, **122**
Retalho Semilunar (RSL), **124**
    Técnica cirúrgica, **125**
    Caso clínico, **126**

Enxertos de tecido livre, 128
    Enxerto gengival livre, **128**
    Técnica cirúrgica, **129**
        Casos clínicos, **131**
    Enxerto de tecido conjuntivo, **133**
        Considerações iniciais, **133**
        Técnica Cirúrgica de Langer & Langer, **135**
        Casos clínicos, **139**
        Técnica Cirúrgica de Bruno, **142**
        Casos clínicos, **144**
        Técnica Cirúrgica de Harris, **148**
        Casos clínicos, **151**
        Técnica Cirúrgica de Allen, **155**
        Casos clínicos, **158**
        Técnica Cirúrgica de Raetzek, **162**
        Técnica de Bernimoulin e Colaboradores, **164**
        Técnica mista, **166**
        Deslize coronal de tecido conjuntivo, **170**
        Casos clínicos, **173**
        Tratamento não cirúrgico, **178**
    Matriz dérmica acelular e uso de colágeno suíno, **179**
        Técnica cirúrgica, **180**
    Regeneração tecidual guiada, **183**
        Técnica cirúrgica, **186**
        Casos clínicos, **188**
    Microcirurgia plástica periodontal, **191**
        Técnica cirúrgica, **192**
        Casos clínicos, **194**

Capítulo **8**
CONSIDERAÇÕES FINAIS, 205

Capítulo 1

ANATOMIA DO COMPLEXO MUCOGENGIVAL

RIBEIRO, M. M.

O profissional que deseja trabalhar na plástica periodontal deve propor ao paciente reestabelecer a simetria, a cor, o contorno, a forma, a consistência, a textura e as posições normais da gengiva, por meio de procedimentos cirúrgicos realizados para prevenir ou corrigir defeitos da gengiva e mucosa alveolar.

Portanto, o objetivo desde capítulo é apresentar alguns parâmetros e conceitos na relação entre os dentes e o complexo mucogengival, fundamentados em sua anatomia, que são importantes para o êxito dos procedimentos em plástica periodontal, especialmente no recobrimento radicular.

A principal função do periodonto é inserir o dente no tecido ósseo dos maxilares e manter a integridade da superfície da mucosa mastigatória da cavidade oral (LINDHE,1992).

Segundo Lascala (1999), o complexo mucogengival é formado pela gengiva e revestimento do palato duro, mucosa especializada (dorso da língua) e a membrana da mucosa oral (que reveste o restante da cavidade).

O periodonto é dividido em tecidos de revestimentos e de sustentação do dente (gengiva, ligamento periodontal, cemento e osso alveolar) e está sujeito a variações morfológicas e funcionais, bem como às modificações no decorrer da idade (LINDHE, 1999).

As características biológicas dos tecidos mucogengivais e as dificuldades oferecidas pelo fenótipo periodontal do paciente devem sempre ser consideradas em seu planejamento.

Para um bom planejamento, é importante conhecer o fenótipo periodontal, que foi proposto por Kao & Pasquinelli (2002), especificados na Tabela 1.

Tabela 1. Fenótipo periodontal de acordo com Kao & Pasquinelli, 2002.

Fenótipo espesso	Fenótipo fino
Arquitetura plana do tecido mole e osso	Arquitetura festonada do tecido mole e osso
Tecido mole fibroso	Tecido mole friável e delicado
Faixa larga de gengiva inserida	Faixa estreita de gengiva inserida
Osso subjacente espesso resistente ao traumatismo mecânico	Osso subjacente fino caracterizado por fenestrações e deiscência
Reage à doença periodontal com formação de bolsa e defeito infraósseo	Reage à doença periodontal e ao traumatismo com recessão de tecido marginal
Forma dental quadrada	Forma dental triangular

Maynard & Wilson (1980) propuseram uma classificação mais detalhada do biótipo periodontal, relacionando espessura gengival, faixa de tecido ceratinizado e espessura óssea (Tabela 2).

Tabela 2. Classificação do biótipo periodontal de acordo com Maynard & Wilson (1980).

Biótipo periodontal	Características clínicas
Tipo I (40% dos pacientes)	Faixa de tecido ceratinizado espessa (3-5 mm)
	Periodonto espesso à palpação
Tipo II (10% dos pacientes)	Faixa de tecido ceratinizado ≤ 2 mm de altura
	Periodonto espesso à palpação
Tipo III (20% dos pacientes)	Faixa de tecido queratinizado normal
	Rebordo alveolar fino
Tipo IV (30% dos pacientes)	Faixa de tecido ceratinizado ≤ 2 mm de altura
	Rebordo alveolar fino

Em relação à cirurgia para recobrimento radicular, pode-se concluir ao analisar as Tabelas 1 e 2 que o fenótipo espesso e o biotipo tipo I e II, são os mais favoráveis para técnicas cirúrgicas que utilizam sítio doador da área adjacente à retração gengival, além de porporcionar uma nutrição vascular adequada ao tecido deslocado e um excelente aspecto estético após a cicatrização.

A conversão do biótipo periodontal utilizando enxerto de tecido conjuntivo subepitelial tem sido preconizado, resultando na formação de um tecido gengival mais resistente à retração gengival (KAN et al., 2005).

O tecido conjuntivo oriundo da gengiva ou do palato, é capaz de induzir a ceratinização a partir das células epiteliais proliferando sobre o enxerto de tecido conjuntivo no sítio receptor (EDEL & FUCCINI, 1977).

O tecido conjuntivo subjacente à mucosa mastigatória do palato duro (Figura 1) a seguir, é composto por uma densa lâmina própria, contento tecido adiposo e glândulas (RAISER, 1996).

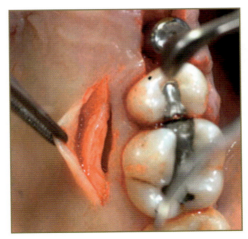

Figura 1. Remoção de tecido conjuntivo subepitelial.
Fonte: Lindhe *et al.*, 2005.

Gengiva

Características Clínicas

→ **Cor:** a gengiva inserida apresenta cor rósea, enquanto a mucosa alveolar tem um aspecto avermelhado.
→ **Contorno:** o contorno varia em função da forma e do alinhamento dos dentes e segue a arquitetura óssea subjacente.
→ **Forma:** a forma da gengiva interdentária é governada pelo contorno das superfícies dentárias proximais, pela localização e forma das ameias. A altura da gengiva interdental varia de acordo com a localização do contato proximal.
→ **Consistência:** a gengiva é firme e resiliente, exceto em sua margem.
→ **Textura:** a gengiva inserida apresenta um aspecto pontilhado, o que pode caracterizar saúde.
→ **Posição:** representa o nível no qual a gengiva marginal se relaciona com o dente.

Segundo Chiche (1994), a estética gengival abrange além de cor, contorno, forma, consistência, textura e posição os seguintes componentes:
→ **Linha de sorriso:** está relacionada à quantidade e qualidade da gengiva. Quando o paciente sorri, o ideal é que o lábio superior expusesse todas as coroas dos incisivos superiores e 1 mm de gengiva. A exposição gengival de 2 a 3 mm também é esteticamente aceitável.
→ **Zênite gengival:** zona mais alta da gengiva em relação à coroa do dente.
→ **Triângulo gengival (Figura 2):** triângulo formado pela zona de zênite do incisivo central superior, incisivo lateral superior e canino superior, sendo que o zênite do incisivo lateral fica no ápice do triângulo e por isso possui uma quantidade de gengiva maior à mostra.

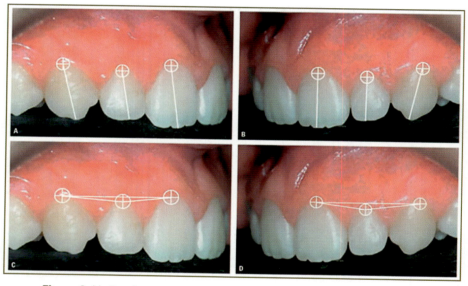

Figura 2. Limites do contorno gengival. *Rev. Dent. Press Ortodon. Ortop. Facial.*

A gengiva é uma mucosa queratinizada que circunda os dentes. Ela forma um colar ao redor de cada dente, com extensão entre 1 a 9 mm. Pode ser classificada conforme a Figura 3 em gengiva marginal (A) e inserida (B). Lindhe (1999) aponta que a gengiva está aderida em parte ao cemento do dente e em parte ao processo alveolar (Figura 4) como mostra a página seguinte.

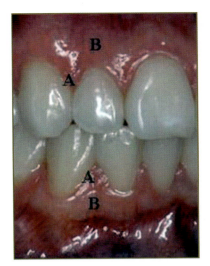 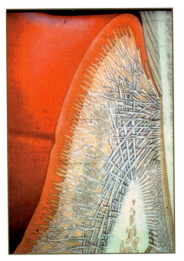

Figura 3. Gengiva marginal e gengiva inserida.

Figura 4. Adesão da gengiva.

Fonte: http://www.odontologia.ufpr.br/files/periodontia.pps

A cor clara da gengiva pode ser rapidamente distinguida da mucosa alveolar vermelha-escura adjacente (Figura 5).

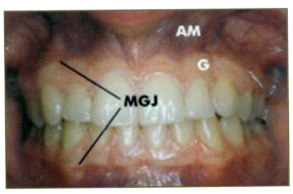

Figura 5. Mucosa alveolar (AM), Gengiva (G) e Junção mucogengival (MGJ).

Fonte: http://www.odontologia.ufpr.br.

Em pessoas de pele escura, a gengiva pode conter pigmentos de melanina em grande extensão da mucosa alveolar adjacente, conforme Figura 6 na próxima página. Os pigmentos de melanina são sintetizados em células especializadas, os melanócitos, localizados na camada basal do epitélio (MANFRED, 2002).

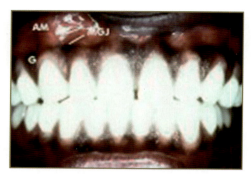

Figura 6. Pigmentação de melanina.
Fonte: http://www.odontologia.ufpr.br

Se a gengiva pigmentada é cirurgicamente cortada, frequentemente cicatrizará com pouca ou nenhuma pigmentação (LINDHE,1999).

Na lingual da mandíbula há uma gengiva fortemente aderida e a mucosa alveolar adjacente não queratinizada que reveste parte do processo alveolar e soalho de boca (Figura 7).

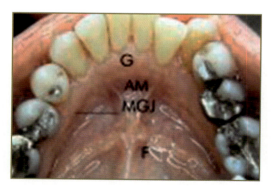

Figura 7. Aspecto lingual da mandíbula. G: gengiva, AM: mucosa alveolar, F: assoalho da boca e MGJ: junção mucogengival.
Fonte: http://www.fosjc.unesp.br/periodontia

O palato duro não possui a junção mucogengival. A mucosa mastigatória da gengiva combina imperceptivelmente com a mucosa mastigatória do palato duro, também onde se localizam as rugosidades palatinas, estrias atrás dos dentes anteriores ou ao lado da papila incisiva (Figura 8) a seguir.

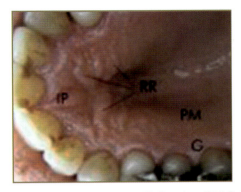

Figura 8. Visão do palato duro. (G) Gengiva, (PM) Palato duro, (RR) Rugosidade palatina, (IP) Papila incisiva.

Fonte: http://www.fosjc.unesp.br/periodontia

Segundo Raiser (1996), o palato duro é composto pelo processo palatino do osso maxilar e pelo processo horizontal do osso palatino, ambos cobertos por mucosa mastigatória (Figura 9). Segundo o mesmo autor, a localização das estruturas neurovasculares no palato duro deve ser sempre considerada, devido ao fato de os nervos e vasos palatinos maior e menor penetrarem no palato através dos forames palatinos maior e menor, geralmente aplical à região do terceiro molar.

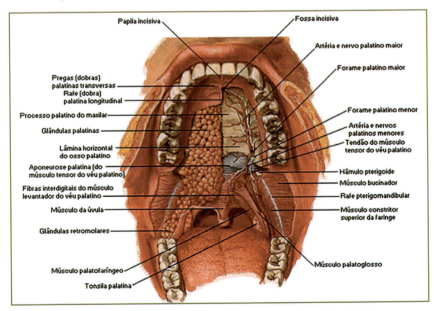

Figura 9. Palatos duro e mole.

Fonte: www.sogab.com.br

A gengiva marginal ou livre é aquela que circula o colo do dente com cerca de 0,5 a 2 mm de altura, sendo a porção mais coronal da gengiva.

O sulco gengival é um sulco raso entre a gengiva marginal e o dente. Está localizado aproximadamente ao mesmo nível da borda apical do epitélio juncional. Quando submetida à sondagem periodontal, sua profundidade poderá ser de 1 a 3 mm, não devendo apresentar sangramento ou supuração a este exame.

A gengiva que ocupa o espaço coronal interdental da crista alveolar é a gengiva interdental. É composta de uma papila interdental de forma piramidal na região dos incisivos e na região posterior é composta por uma papila vestibular e outra oral unidas por um "col" interdental, conforme a Figura 10.

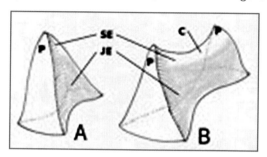

Figura 10. Representação esquemática da gengiva interproximal.
Figura A: papila anterior. Figura B: papila posterior.
Papila vestibular e oral (P), "col"(C), epitélio juncional (JE) e epitélio sucular (SE).

A gengiva interdental é aderida ao dente coronalmente pelo epitélio juncional e apicalmente pelas fibras do tecido conjuntivo. A porção mais coronal da gengiva interdental é revestida pelo epitélio sucular.

Segundo Baratieri *et al.* (1995), o espaço interdental tende a ser mais aumentado em dentes triangulares com sensação de perda da papila.

A ausência de papila pode induzir a problemas estéticos, fonéticos e de impacção alimentar (OLIVEIRA, RIBEIRO, CONTI, VALLE, PERGORARO, 2002).

Epitélio gengival

O epitélio gengival compreende o tecido epitelial que reveste a superfície externa da gengiva, bem como o revestimento epitelial do sulco gengival e epitelial juncional. Ele é dividido em três partes (Figura 11, na próxima página): o epitélio oral (epitélio estratificado queratinizado escamoso), o epitélio sulcular (epitélio estratificado escamoso não queratinizado ou paraqueratinizado) e o epitélio juncional (epitélio estratificado não queratinizado).

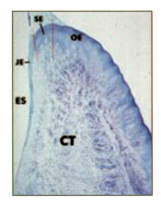

Figura 11. Histológico da gengiva. (SE) Epitélio Sulcular, (JE) Epitélio Juncioanal, (OE) Epitélio Oral, (ES) Esmalte, (CT) Tecido Conjuntivo.
Fonte:www.for.unesp.br/Atlas/periodontode_proteç

O epitélio oral estende-se da junção mucogengival até a margem gengival. É continuação do epitélio sulcular que reveste a lateral do sulco gengival.

O epitélio juncional forma a junção apical dentoepitelial do sulco. A parte coronal final forma o fundo do sulco gengival e está sobreposta pelo epitélio sulcular.

Maynard & Wilson (1980) conceituaram as distâncias biológicas como aquela dimensão do periodonto compreendida entre a crista óssea alveolar e a margem gengival livre, caracterizando-se pelo epitélio sulcular oral, epitélio juncional e inserção conjuntiva.

Gargiulo (1961) realizou um trabalho procurando verificar a média das distâncias biológicas e obtiveram as seguintes medidas médias: sulco gengival: 0,69 mm, epitélio juncional: 0,97 mm e inserção conjuntiva: 1,07 mm.

Tristão (1992), confirmando os trabalhos realizados por Gargiulo por meio de trabalhos *in vitro*, estabeleceu o valor médio de 3,0 mm para distâncias biológicas. Essa medida pode ser usada como referência nos procedimentos clínicos (Figura 12).

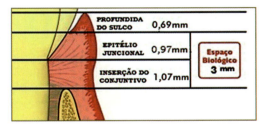

Figura 12. Dimensões do espaço biológico.
Fonte: www.perionews.com.br/casoclinicodomes_02.asp (adaptado)

Membrana periodontal ou ligamento periodontal

O ligamento periodontal (LP) é o tecido conjuntivo frouxo que circunda as raízes dos dentes e une o cemento radicular ao osso alveolar.

O LP está incluido no espaço entre as raízes dos dentes e osso alveolar que circunda o dente até o nível aproximado de 1 mm apical à junção amelocementária. Dos tipos de ossos alveolares podem ser distinguidos radiograficamente; a parte do osso que cobre o alvéolo e a parte marginal do processo alveolar são chamadas osso cortical e se apresentam como uma linha radiopaca às vezes denominada "lâmina dura".

A parte do processo alveolar delimitada pela lâmina dura é formada por osso esponjoso que, radiograficamente, aparece como uma malha. O ligamento periodontal é contínuo com o tecido conjuntivo supra-alveolar. O ligamento alveolar tem a forma de uma ampulheta e é mais estreito ao nível do terço meio da raiz. A presença do ligamento periodontal é essencial à mobilidade do dente. A mobilidade dentária é, em grande parte, determinada pela largura, altura e qualidade do ligamento periodontal (BHASKAR,1989).

Componentes

O tecido conjuntivo é o componente tecidual predominante da gengiva e do ligamento periodontal. Os principais componentes do tecido conjuntivo são as fibras colágenas (cerca de 60% do volume do tecido conjuntivo), os fibroblastos (cerca de 5%), os vasos, os nervos e a matriz (cerca de 35%).

Convém analisarmos em separado cada um dos componentes do ligamento periodontal.

1. Células

A partir da publicação de Melcher (1976), demonstrando que o ligamento periodontal contém células com potencial regenerativo, o principal objetivo dos tratamentos periodontais têm sido a regeneração dos tecidos de suporte perdidos.

A indução e a diferenciação de fibroblastos do ligamento periodontal favorecem o processo regenerativo com a formação de novo cemento, ligamento periodontal e osso alveolar em área anteriormente envolvida pela doença (PROFFIT, 1991).

Assim, a caracterização e a comparação das células do ligamento periodontal com células de outros tecidos, têm sido essencial para o melhor conhecimento da participação dessas células no processo de regeneração periodontal.

As principais células do ligamento periodontal hígido e funcional são aquelas diferenciadas de suas progenitoras e que podem ser divididas em três categorias principais:

Células sintetizadoras

→ **Osteoblastos:** encontradas na superfície periodôntica do osso alveolar;
→ **Fibroblastos:** localizadas na intimidade do tecido conjuntivo frouxo;
→ **Cementoblastos:** encontradas na superfície do cemento.

Células de reabsorção

1. **Osteoclastos:** estas células reabsorvem osso;
2. **Fibroclastos:** envolvidas na reabsorção do colágeno;
3. **Cementoclastos:** são ocasionalmente encontradas no ligamento periodôntico (LP) em funcionamento normal. O cemento não sofre remodelação como o osso alveolar e LP, sendo continuamente depositado.

Células progenitoras

São células que têm a capacidade de sofrer divisões mitóticas, substituindo aquelas que morrem, ou como resultado de uma injúria.

Além destas, encontramos também:

1. **Resto epiteliais de Malassez:** essas células representam remanescentes de bainha epitelial de Hertwig. Atualmente, sua função é desconhecida.
2. **Mastócitos:** responsável pela produção de certos componentes da matriz.
3. **Macrófago:** desempenha várias funções sintéticas e fagocitárias no tecido. Os macrófagos, bem como os mastócitos, acham-se ativamente empenhados na defesa do tecido contra substâncias estranhas e irritantes.

2. Fibras

As fibras do tecido conjuntivo são produzidas pelos fibroblastos e podem ser divididas em: fibras colágenas, reticulares, fibras oxitalânicas e fibras elásticas.
→ As fibras colágenas predominam no tecido conjuntivo gengival e constituem o mais essencial componente do periodonto.

→ As fibras reticulares estão presentes nas interfaces epitélio – tecido conjuntivo e endotélio – tecido conjuntivo.
→ As fibras oxitalânicas estão presentes em todas as estruturas conjuntivas do periodonto. Essas fibras, no ligamento periodontal, seguem em curso geralmente paralelo ao eixo longitudinal do dente.
→ As fibras elásticas somente estão presentes no tecido conjuntivo da gengiva e do ligamento periodontal relacionados aos vasos sanguíneos.

Tipos de fibras secundárias:

a) Fibras circulares são aqueles feixes de fibras dispostos na gengiva livre e que circundam o dente à maneira de um anel ou punho.
b) Fibras dentogengivais estão embutidas no cemento da parte supra-alveolar da raiz e daí projetam-se a partir do cemento em forma de leque para o tecido gengival livre das superfícies vestibular, lingual e interproximal.
c) Fibras dentoperiósticas se acham inseridas na mesma porção do cemento que as fibras dentogengivais. Entretanto, passam a crista óssea vestibular e lingual dirigindo-se apicalmente para terminar nas malhas do tecido da gengiva inserida.
d) Fibras transeptais estendem-se entre o cemento supra-alveolar de dentes vizinhos. As fibras transeptais correm de forma retilínea sobre o septo interdentário e inserem-se no cemento de dentes adjacentes.

Segundo Ten Cate (1988), as fibras colágenas do ligamento periodontal podem ser divididas nos seguintes grupos principais:

1. Grupo da crista alveolar, unido ao cemento logo abaixo da junção amelocementária;
2. Grupo horizontal, situado logo apicalmente ao grupo da crista alveolar;
3. Grupo oblíquo, de longe o mais numeroso dos ligamentos;
4. Grupo apical, em torno do ápice da raiz;
5. Grupo inter-radicular, encontrado apenas entre as raízes dos dentes multirradiculares.

Por ambas as extremidades, todos os feixes principais de fibras colágenas do LP estão embutidas, seja em cemento, sejam em osso. A porção embutida do feixe de fibras é chamada de fibras de Sharpey. No cemento, as fibras de Sharpey têm diâmetro menor e são mais densamente apinhadas do que as do osso alveolar.

Funções do ligamento periodontal

O LP apresenta as funções física, formadora, sensorial, nutritiva e homeostática (LASCALA,1980).

A. Função Física

As funções físicas do LP abrangem: sustentação, transmissão das forças oclusais do osso, inserção dos dentes no osso, manutenção dos tecidos gengivais em suas relações adequadas com os dentes, resistência ao impacto da forças oclusais (absorção do choque) e provisão de um "envoltório" de tecido mole para proteger os vasos e nervos das lesões produzidas pelas forças mecânicas.

B. Formadora

O LP funciona como periósteo para o cemento e o osso. As células do ligamento periodontal participam na formação e na reabsorção desses tecidos, que ocorrem durante os movimentos fisiológicos do dente. Participam também na adaptação do periodonto às forças oclusais e na reparação de lesões. Como todas as estruturas do periodonto, o ligamento periodontal remodela-se constantemente.

C. Sensorial

Por meio do mecanismo proprioceptivo possibilita ao organismo detectar as aplicações mais delicadas de forças nos dentes, bem como seus deslocamentos mínimos. Ao morder um alimento macio com um objeto duro e pequeno em seu interior, como uma pedrinha, reconhece-se a importância desse mecanismo na proteção das estruturas de suporte do dente contra movimentos mastigatórios excessivamente vigorosos.

D. Nutritiva

O LP possui vasos sanguíneos, os quais fornecem nutrientes e outras substâncias requeridas pelos tecidos do ligamento, pelos cementócitos e pelos osteócitos mais superficiais do osso alveolar. Os vasos sanguíneos são também responsáveis pela remoção de catabólitos. A oclusão dos vasos sanguíneos leva à necrose de células da região afetada do ligamento. Isto ocorre quando uma força muito intensa é aplicada a um dente, durante a terapia ortodôntica.

E. Homeostática

É evidente que as células do LP têm a capacidade de reabsorver e sintetizar a substância intercelular do tecido conjuntivo do ligamento, osso alveolar e cemento. Esses processos não são ativados esporádica ou acidentalmente, mas funcionam continuamente, com intensidade variável, ao longo da vida do dente. Quando esses mecanismos homeostáticos são descontrolados, ocorre um desarranjo do periodonto.

Cemento

O cemento é um tecido conjuntivo mineralizado, avascular, que recobre a dentina radicular e tem como principal função, a inserção de fibras do ligamento periodontal à raiz do dente. O cemento não sofre remodelação e reabsorção fisiológicas, porém, se caracteriza pela deposição contínua ao longo da vida.

Classificação

1. Cemento acelular, que é formado em associação à formação da raiz e à erupção do dente.
2. Cemento celular, que é formado após a erupção do dente e também em resposta às demandas funcionais.

Tanto o cemento acelular como o celular são produzidos pelos cementoblastos localizados na superfície cementária. O cemento celular é apenas encontrado na parte intra-alveolar da raiz.

A espessura do cemento radicular diminui com a idade. É mais espessa apicalmente que cervicalmente. A espessura pode variar de 0,05 a 0,6 mm (CARRANZA JÚNIOR, 1983).

Células típicas mais encontradas no cemento:

→ Cementoblastos;
→ Cementócitos;
→ Fibroblastos do ligamento periodontal.

Considerações clínicas

Anomalias na cementogênese podem ter significantes implicações clínicas. Por exemplo, pérolas de esmalte frequentemente imitam cálculos depositados subgengivalmente e podem ocasionar padrões parecidos com a destruição periodontal. Projeções de esmalte podem levar à formação de bolsas nas furcas (ORBAN, 1949).

Osso alveolar

Os processos alveolares desenvolvem-se juntamente a erupção dos dentes e são gradativamente reabsorvidos com a perda destes. Assim, os processos alveolares são estruturas dependentes dos dentes.

Em conjunto com o cemento radicular e as fibras do LP, o osso alveolar constitui os tecidos de sustentação dos dentes e distribui as forças geradas durante a mastigação e outras formas de contato entre eles.

O osso que recobre as superfícies radiculares é consideravelmente mais espesso na parte palatina do que na parte bucal da maxila. As paredes dos alvéolos são revestidas por osso compacto, que interproximalmente está em relação com o osso esponjoso. O osso esponjoso contém trabéculas ósseas cujo tamanho e arquitetura são em parte determinados geneticamente e de outra parte são o resultado das forças a que os dentes estão expostos durante sua função.

O osso compacto que reveste a parede dos alvéolos é frequentemente contínuo com o osso compacto o cortical das partes bucal e lingual do processo alveolar. O osso das partes bucal e lingual do processo alveolar varia de espessura de uma região para outra. Nas regiões dos incisivos e pré-molares, a tábua óssea cortical da face bucal dos dentes é consideravelmente mais fina do que na parte lingual. Na região dos molares o osso é mais espesso na parte bucal do que do lado lingual.

O osso compacto, que em uma radiografia aparece como "lâmina dura", reveste o alvéolo dentário e é perfurado por numerosos canais de Volkmann, através dos quais vasos sanguíneos e nervos passam do osso alveolar para o ligamento periodontal. A camada óssea na qual estão inseridos os feixes de fibras de Sharpey é chamada "osso fasciculado" e fica situada na superfície interna da parede óssea do alvéolo. Assim, do ponto de vista funcional, este "osso fasciculado" tem muitos aspectos em comum com a camada de cemento das superfícies radiculares.

A superfície externa do osso é sempre revestida por uma zona de tecido não mineralizado – osteoide – que por seu lado é coberto por periósteo. O periósteo contém fibras colágenas, osteoblastos e osteoclastos. Os espaços medulares, no interior do osso, são revestidos por endósteo que tem muitos aspectos em comum com o periósteo na superfície externa do osso.

Os osteoblastos e os osteoclastos estão presentes nas seguintes áreas (BHASKAR,1989):

1. Na superfície das trabéculas ósseas do osso esponjoso;
2. Na superfície externa do osso cortical que elimina os maxilares;
3. Nos alvéolos, voltados para o LP e
4. Na parte interna do osso cortical voltado para os espaços medulares.

Os osteoblastos produzem osteoide, que sofre calcificação. Durante o processo de maturação e calcificação do osteoide, alguns osteoblastos são aprisionados no osteoide. As células presentes no osteoide e mais tarde no tecido ósseo calcificado, são chamados osteócitos.

Os osteócitos alojados nas lacunas do osso calcificado ligam-se entre si e com os osteoblastos da superfície óssea por meio de prolongamentos citoplasmáticos que correm em canalículos.

A nutrição do osso é assegurada pela incorporação de vasos sanguíneos no tecido ósseo. Esses vasos sanguíneos circundados por lâminas ósseas, eventualmente constituem o centro de um osteom. O canal central, que contém principalmente os vasos sanguíneos, em um osteom é chamado de canal de Havers. O osteom é também chamado sistema de Havers. Os vasos sanguíneos nos canais de Havers são ligados entre si por anastomoses que correm pelos canais de Volkmann.

O osso alveolar se renova continuamente em resposta a demandas funcionais. Durante toda a vida os dentes erupcionam e migram em direção mesial, para compensar o atrito. Esse movimento dos dentes implica uma remodelação do osso alveolar. A aposição de novo osso é sempre relacionada aos osteoblastos. Estas células produzem um osteoide que, subsequentemente, sofre calcificação.

Onde as raízes são proeminentes e a cobertura óssea é muito fina, o osso pode reabsorver localmente, criando uma janela no osso através da qual a raiz pode ser vista. Esta janela como defeito no osso é referida como uma fenestração (Figura 9). A deicência óssea (Figura 10) é quando a margem do osso entre a fenestração e a crista desaparece.

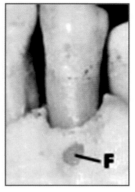

Figura 9. Fenestração óssea (F).
Fonte: www.odontologia.com.br

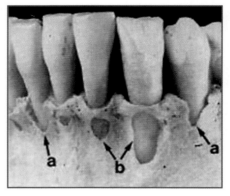

Figura 10. Deiscência óssea (b), fenestração (a).
Fonte: www.odontologia.com.br

Referências bibliográficas

BARATIERI, L. N. *Estética*. São Paulo: Santos, 1995, p. 209-61.

BHASKAR, S. N. *Histologia e Embriologia Oral de Orban*. São Paulo: Artes Médicas. 10. ed., 1989.

CARRANZA JÚNIOR, F. A. *Periodontia Clínica de Glickman*. 5. ed. Rio de Janeiro: Interamericana, 1983. p. 2-70; 71-2.

CHICHE, G.; PINAULT, A. Artistic and scientific principles applied to esthetic dentistry. *Rev. Dent. Press. Ortodon. Ortop. Facial.* 2006; 11 (6): 13-32.

_____. Esthetics of anterior fixed prosthodontics. St. Luois: Quintessence 1994. 13-32. *In*: CHICE, G.; PINAULT, A. Artistic and acientific principles applied to esthetic dentistry. *Re. Dent. Press. Ortodon. Ortop.*, 2006. 11(6): 33-52.

EDEL, A.; FUCCINI, J. M. *Histological changes following the grafting of connective tissue into human gingival. Oral Surgery, Oral Medicine, Oral Pathology*, 1977; 43: 190-195.

GARGIULO, A. W.; WENTZ, F. M.; ORBAN, B. Dimensions and relations of the dentogingival junction in humans. *J. Periodontal.* v. 32, n. 3. p. 261-267, 1961.

KAO, R. T.; PASQUINELL, K. Thick us gingival tissue a Key determinant in tissue response to disease and restorative treatment. *I Calif. Dent. Assoc.*, 2002 Jul.; 30 (7): 521-526.

KAN, S. Y. K.; RUMCHARASSAENG, K.; LOZADA, J. L. *Bilaminar Subepithelial Connective Tissue Grafts for Provicionalization in the Esthetic Zone*. Cda, 2005; 33 (11): 865-871.

LASCALA, N. R. *Periodontia Clínica*. São Paulo: Artes Médicas, 1980.

LASCALA, N. T.; MOUSSALI, N. G. *Compêndio Terapêutico de Periodontia*. 3ª ed. São Paulo: Artes Médicas, 1999; p. 358-85.

LINDHE, J. *Tratado de Periodontologia Clínica*. Ed. Interamericana, 1978.

_____. *Tratado de Periodontologia Clínica*. 2ª ed., Rio de Janeiro: Editora Guanabara. 1992.

_____. *Tratado de Periodontia Clínica e Implantologia Oral*. 3ª ed. Rio de Janeiro: Guanabara Koogan 1999. p. 6-7.

MANFRED, S.; GERDT, K. *Diseases of the oral mucosa: a color atlas*. 2ª ed. Quintessense Books; 2002.

MAYNARD, J. G.; WILSON, R. D. Diagnosis and management of mucogingival problems in children. *Dent. Clin. North. AM.* 1980, Oct. 24, (4): 683-703.

_____. Physiologic Dimension of the Periodontium Fundamental to Sucessful Restorative Dentistry. *J. Periodontal.* 1979, 50: 170-174.

MELCHER, A. H. On the repair potential of periodontal tissue. *J. Periodontol.* 1976, 47(5): 256-60.

OLIVEIRA, J. A.; RIBEIRO, E. D. P.; CONTI, P. C. R.; VALLE, A. L.; PEGORARO, L. F. Condicionamento gengival: estética em tecidos moles. *Rev. Fac. Odontol.* Bauru, 2002; 10(2): 99-104.

ORBAN, B. J. *Oral Histology and Embriology.* St. Louis, C.V. Mosby Co., 1949.

PROFFIT, W. R. *Ortodontia Contemporânea*. São Paulo: Pancast Editora, 1991.

RAISER, G. M.; BRUNO, J. F.; MAHAN, P. E.; LARKIN, L. H. The subephitelial connective tissue graft palatal donor site: anatomic considerations for surgeons. *J. Periodontal Rest. Dent.* 1996; 16: 131-137.

SCHLUGER, S. *et al. Periodontia*. Rio de Janeiro: Interamericana, 1981. p. 5-53.

TEN CATE, A. R. *Histologia Bucal, Desenvolvimento, Estrutura e Função.* 2ª ed., Rio de Janeiro: Editora Guanabara, 1988.

TRISTÃO, G. C. *Espaçao biológico: estudo histológico em periodonto clinicamente normal de humanos.* São Paulo, 1992. 57 p. Tese (Doutorado) Faculdade de Odontologia de São Paulo – USP.

www.for.unesp.br/Atlas/periodontode_proteç

www.fosjc.unesp.br/periodontia

www.odontologia.com.br

www.odontologia.ufpr.br/files/periodontia.pps

www.perionews.com.br/CasoClinicoDoMes_02.asp

www.sogab.com.br

Capítulo 2

MEDICAMENTOS USADOS NO TRATAMENTO DAS RETRAÇÕES GENGIVAIS

ARAÚJO, R. C.
GUIMARÃES, G. M.

A utilização de medicamentos no tratamento das retrações gengivais (RG) tem sua rotina no controle da dor pós-operatória ou a sua prevenção. Porém, em algumas situações, deve ser lançada mão de terapia com antimicrobianos, anti-inflamatórios, ansiolítica e anestésica locais. Portanto, medicamentos podem ser instituídos pré e pós-operatoriamente, dependendo da história médica, necessidade e perfil psicológico do paciente.

É importante a comunicação interdisciplinar entre o cirurgião-dentista e o médico, para que o procedimento planejado ocorra sem problemas. O risco cirúrgico pode ser pedido, principalmente para os pacientes cardiopatas ou com coagulopatias, o que resguarda o Cirurgião-Dentista de intercorrências durante o tratamento.

Serão abordados medicamentos para controle da ansiedade, anestesia local, antimicrobianos, anti-inflamatórios e analgésicos.

Controle da ansiedade

Aos pacientes com alto índice de ansiedade pode ser prescrito Diazepam, 5 ou 10 mg, ou Alprazolam de 0,5 a 0,75 mg, tomando 1 comprimido 1 hora antes do procedimento (HENRIQUES, 2003).

Anestesia local

O momento da realização da anestesia é de extrema importância para o ato cirúrgico, pois é a chance ímpar de o profissional tranquilizar e conquistar o paciente com uma aplicação anestésica lenta e indolor.

O risco cirúrgico, dado pela equipe médica, é de valia neste instante, pois é nele em que há a indicação para uma melhor anestesia, evitando problemas mais sérios de origem sistêmica.

A anestesia local é determinada pelo bloqueio da condução nervosa reversível, o que acarreta perda das sensações sem alteração do nível de consciência (FERREIRA, 1999).

As características para que o anestésico seja ideal são: induzir anestesia rapidamente e de modo uniforme e permitir rápida recuperação após interrupção de sua administração. Além disso, deve possuir ampla margem de segurança e ser desprovido de efeitos adversos. A amplitude com que determinado anestésico pode exercer esses efeitos varia de acordo com a droga, a dose e a situação clínica (KATZUNG, 1998).

Farmacocinética

São primeiramente metabolizados nos rins, tanto o princípio ativo quanto seus metabólitos. O metabolismo do anestésico local é importante, pois a toxicidade geral da droga depende do equilíbrio entre a velocidade de absorção para a corrente sanguínea no local da injeção e a velocidade em que ela é removida do sangue, através dos processos de absorção tecidual e metabolismo. Doenças renais significativas representam uma contraindicação relativa à administração de anestésicos locais, já que os rins podem ser incapazes de eliminar do sangue o anestésico original ou seus principais metabólitos, resultando em um ligeiro aumento dos níveis sanguíneos desse composto e um aumento no potencial de toxicidade (TORTAMANO & ARMONIA, 2001; VEERING, 2003 e MALAMED, 2004).

Anestésicos mais utilizados

1. Lidocaína

A lidocaína é considerada o anestésico-padrão em Odontologia, com o qual todos os outros anestésicos são comparados (KATZUNG, 1998).

Inicia sua ação por volta de 2 a 3 minutos e tem eficácia em uma concentração de 2%. Sua dose máxima recomendada é de 7,0 mg/Kg em adultos, não excedendo 500 mg ou 13 tubetes anestésicos. É encontrada comercialmente nas concentrações de 1% e 2%, com ou sem vasoconstritor. Para aplicação tópica, sua concentração pode ser de 5% (MARIANO, et al., 2000; MALAMED, 2004 e DEF, 2004).

2. Prilocaína

Apresenta potência e toxicidade duas vezes maior que a lidocaína e um início de ação mais retardado, por volta de 2 a 4 minutos. A dose máxima recomendada é de 6,0 mg/kg, não excedendo 400 mg ou 7 tubetes anestésicos na concentração de 4%, no paciente adulto, que é a concentração odontológica eficaz. Esse anestésico não apresenta formulação tópica. Comercialmente, só é encontrado na concentração 3% e tem a felipressina como vasoconstritor. Nas formulações genéricas pode ser encontrada a concentração de 4% (DEF, 2004).

3. Mepivacaína

É classificada como um anestésico de duração intermediária e apresenta potência e toxicidade duas vezes maior que a lidocaína, tendo o seu início da ação por volta de 1 ½ a 2 minutos. A dose máxima é de 6,6 mg/kg, não devendo ultrapassar 400 mg ou 11 tubetes anestésicos.

A concentração odontológica eficaz é de 2% (com vasoconstritor) e de 3% (sem vasoconstritor). Uma de suas vantagens, é que esta substância consegue ter um tempo maior de anestesia do que os outros anestésicos sem o uso do vasoconstrictor. É sintetizada apenas por laboratórios especializados em artigos odontológicos (PONZONI, et al., 2003; MALAMED, 2004; DEF, 2004).

4. Cloridrato de Bupivacaína

No Brasil, entre os anestésicos de longa duração, somente o cloridrato de bupivacaína está disponível comercialmente. Apresenta potência quatro vezes maior que a lidocaína e uma toxicidade quatro vezes menor. Inicia sua ação por volta de 6 a 10 minutos. Apresenta uma dose máxima recomendada de 1,3 mg/kg, não devendo ultrapassar 90 mg ou 10 tubetes. Quanto ao tempo de duração, a anestesia mandibular pode persistir de 5 a 9 horas.

Os estudos sobre sua toxicidade mostram que podem ocorrer devido à superdosagem ou por injeção acidental do anestésico nos vasos sanguíneos, não sendo essas reações diferentes das que ocorrem com os outros anestésicos locais. Em tubetes anestésicos é encontrado na concentração de 0,5%, porém, em ampolas de 20 ml podem ser encontrados nas concentrações de 0,25%, 0,50% e 0,75% (com ou sem vasoconstritor). É o anestésico mais utilizado em recintos hospitalares (RANALI & VOLPATO, 1990; DEF, 2004; MALAMED, 2004).

5. Articaína

A articaína foi aprovada para uso nos Estados Unidos em abril de 2000, tendo como nome comercial Steptocaine 4% com 1: 100.000 de epinefrina. Sua dose máxima recomendada é de 6,6 mg/kg, não ultrapassando 500 mg ou 6 tubetes (DEF, 2004; MIKESELL et al., 2005).

Vasoconstritores

São substâncias utilizadas em associação aos anestésicos locais e são importantes para que a eficácia seja assegurada nas formulações anestésicas. A principal vantagem do uso dos vasoconstritores é que eles permitem a diminuição na velocidade de absorção do sal anestésico, além de reduzir a toxicidade e aumentar a duração da anestesia. Possibilita também o uso de quantidades menores de solução (MARIANO, et al., 2000).

Os vasoconstritores podem ser classificados em dois grupos: aminas simpatomiméticas e análogos de vasopressina. As mais comuns são a adrenalina/epinefrina, a noradrenalina/noraepinefrina, a fenilefrina e o octapressin/ felipressina (FERREIRA, 1999 e FARIA & MARZOLA, 2001).

Normalmente, os vasoconstritores associados aos anestésicos locais não produzem efeitos farmacológicos, além da constrição arteriolar localizada. O cuidado maior que deve ser tomado com os vasoconstritores, é principalmente em relação a pacientes cardiopatas, já que a adrenalina eleva a pressão sistólica e a frequência cardíaca, causando palpitações e dor torácica (KATZUNG, 1998).

Reações adversas

As complicações, quando ocorrem, podem ser divididas em psicogênicas e não psicogênicas.

As primeiras independem do anestésico e estão relacionadas ao estado de estresse do paciente. As ocorrências mais comuns são a lipotímia e a hiperventilação. As não psicogênicas são raras, estando relacionadas à técnica de administração inadequada, superdosagem ou a uma reação alérgica ao anestésico.

Deve-se ter cuidado com os pacientes asmáticos alérgicos, principalmente os dependentes de corticosteroides, pois geralmente apresentam alergia aos sulfitos encontrados nas soluções contendo aminas simpatomiméticas, sendo nesse caso indicado soluções com felipressina (MARIANO, et al., 2000; BERKUN, et al., 2003 e ARAÚJO & AMARAL, 2004).

Uma enfermidade que pode acometer o paciente no uso dos anestésicos locais e que os cirurgiões-dentistas não estão habituados a observar como rotina é a meta-hemoglobinemia.

Os anestésicos que mais causam a meta-hemoglobinemia são a prilocaína, a articaína e a benzocaína (uso tópico), os quais devem ser evitados em grandes cirurgias por portadores de insuficiência cardíaca, respiratória ou doenças metabólicas e em gestantes, por causa do risco de o feto vir a contrair a doença.

O paciente apresenta-se letárgico, com os leitos ungueais e as mucosas cianóticas, apresenta dificuldades respiratórias e a pele em tom cinza pálido. Seu tratamento se dá por meio da administração intravenosa de azul de metileno a 1% (1,5 mg/Kg), podendo a dose ser repetida a cada 4 horas até a cianose ser debelada (SOUZA & FARIA, 1991; FERREIRA, 1999; DE CASTRO et al., 2002 e MALAMED, 2004).

Antimicrobianos

Indiscutivelmente, os fármacos antimicrobianos são um dos avanços mais notáveis da medicina moderna. Doenças, que antes eram consideradas incuráveis, puderam ser tratadas com tais fármacos e utilizando-se de uma maneira muito simples, que é a administração de comprimidos via oral (KATZUNG, 1998).

Os micro-organismos têm a capacidade de se adaptar a pressões ambientais por meio de uma variedade de mecanismos eficazes e sua resposta aos antibióticos não é diferente.

Uma consequência inevitável do uso inadequado e indiscriminado de fármacos antimicrobianos é a seleção de micro-organismos resistentes. Essa realidade nos mostra que o uso e a prescrição dos medicamentos antimicrobianos são pontos importantes e que devem ser considerados para que se possa evitar o surgimento de linhagens resistentes de micro-organismos. Assim, evita-se também o aparecimento de doenças novas (que não tenham ainda cura) e o uso de medicamentos fortes e com mais reações adversas (KATZUNG, 1998).

Penicilinas

Elas são classificadas como drogas beta-lactâmicas por possuírem em sua constituição o anel beta-lactâmico. Se o anel beta-lactâmico for clivado enzimaticamente por beta-lactamases bacterianas, o produto resultante, o ácido peniciloico, é desprovido de atividade antibacteriana (KATZUNG, 1998).

Farmacocinética

Para Katzung (1998), a absorção, após a administração oral, difere acentuadamente com as diferentes penicilinas devido a diferenças em parâmetros como estabilidade ácida e ligação a proteínas. A absorção da maioria das penicilinas orais é afetada pelos alimentos, assim as drogas devem ser administradas 1-2 horas antes ou depois das refeições (exceto a amoxicilina).

As penicilinas benzatina e procaína são formuladas para retardar a sua absorção, resultando em concentrações sanguíneas e teciduais prolongadas. Depois de uma única injeção intramuscular são obtidos níveis séricos significativos durante 10 dias e é rapidamente excretada na urina pelos rins (KATZUNG, 1998).

Classificação das penicilinas

As penecilinas possuem maior atividade contra micro-organismos gram-positivos, cocos gram-positivos, gram-negativos e anaeróbicos não produtores de beta-lactamase (KATZUNG, 1998) e apresentam os seguintes tipos:
1. **Penicilina G – Penicilina G benzatina, Penicilina G procaína:** são usadas geralmente na forma de injeção intramuscular e produzem níveis baixos, mas prolongados, do fármaco (KATZUNG, 1998).
2. **Penicilina V:** é a forma oral da penicilina. É indicada para pequenas infecções devido a sua baixa biodisponibilidade, e espectro antibacteriano estreito (KATZUNG, 1998).

Penicilinas resistentes a beta-lactamase estafilocócica (nafcilina): são semissintéticas e resistentes a beta-lactamase estafilocócica. Mostram-se ativas contra estafilococos e estreptococos (KATZUNG, 1998).

Penicilinas de espectro ampliado: diferem-se das outras penicilinas por apresentarem maior ação contra bactérias gram-negativas, devido a sua maior capacidade de penetração pela membrana. Podem ser inativadas por beta-lactamases (KATZUNG, 1998).

Exemplos:
1. **Amoxicilina:** oral (comprimidos) de 500, 875 mg/ não sofre interferência por alimentos.
2. **Ampicilina:** oral (cápsulas) de 250, 500 mg.
3. **Amoxicilina + clavulanato de potássio:** oral (comprimidos) de 250, 500, 875 mg.
4. **Ampicilina + sulbactama sódica:** parenteral.

Reações adversas

Segundo Wanmacher e Ferreira (1995), podem ocorrer lesões orais, febre, náuseas, vômito, diarreia e erupções cutâneas. Algumas das penicilinas diminuem a eficácia de certos anticoncepcionais.

Cefalosporinas e Cefamicinas

Segundo Katzung (1998), essas duas classes de antibacterianos se assemelham às penicilinas tanto na constituição química quanto no mecanismo de ação e na toxicidade, porém, são mais estáveis do que as penicilinas a muitas beta-lactamases e apresentam um espectro de ação mais amplo.

As cefalosporinas podem ser classificadas como:
1. **Primeira geração:** cefadroxil via oral (VO); cefalexina VO; cefazolina intravenosa (IV);
2. **Segunda geração:** cefuroxima axetil VO e cefoxitina IV;
3. **Terceira e quarta geração:** cefotaxima IV e cefepima IV.

Monobactâmicos

São fármacos beta-lactâmicos que se mostram mais resistentes a beta-lactamases e são escolhidos quando o paciente possui algum tipo de alergia à penicilina (KATZUNG, 1998).

Exemplo: Aztreonam (IV) a cada 8 horas 1-2 gramas.

Inibidores da beta-lactamase

Katzung (1998) cita como representantes desse grupo o ácido clavulânico, a sulbactama e a tazobactama. Eles não possuem uma potente ação antimicrobiana e, portanto, são utilizados em associações fixas com outros fármacos, geralmente as penicilinas. São essas últimas que determinam o espectro de ação antibacteriano da associação.

O inibidor irá ampliar o espectro de determinada penicilina, contanto que a inatividade dela seja devido à destruição a beta-lactamase.

Exemplos:
1. **Amoxicilina + clavulanato:** comprimidos disponíveis de 200-875 miligramas.
2. **Ampicilina + sulbactama:** pó disponível para reconstituição em injeção de 1,2 gramas.

Cloranfenicol, Tetraciclinas Macrolídeos Clindamicina

Esses fármacos são exemplos da classe de antibacterianos que atuam semelhantemente. Eles são capazes de inibir a síntese de proteínas bacterianas por meio de sua ligação aos ribossomos, interferindo na sua função e, assim, atuam como antibacterianos (KATZUNG, 1998).

Cloranfenicol

Para Katzung (1998), a dose de cloranfenicol mais usada é de 50-100 mg/kg/dia. Pela sua alta toxicidade, já não é mais tido como de escolha para a terapêutica. Mesmo assim, ele ainda é utilizado para tratamento de tifo e febre maculosa.

Tetraciclinas

São utilizadas para tratamento de bronquite, pneumonia, leptospirose, acne. As doses administradas em adultos são de 0,25-0,5 g., quatro vezes ao dia. Não são fármacos de primeira escolha para a terapêutica por serem tóxicos, podendo alterar a flora bacteriana. Como consequência da mudança da flora há a possibilidade de ocorrência de candidíase vaginal ou oral e distúrbios intestinais. As tetraciclinas também se ligam ao cálcio depositado nos ossos ou dentes recém-formados, em crianças de pouca idade (KATZUNG, 1998).

Segundo Wanmacher e Ferreira (1995), foi observada a ocorrência de vertigem, tontura, náuseas e vômito, particularmente com a administração de doxiciclina em doses acima de 100 miligramas.

Macrolídeos (Eritromicina, Azitromicina)

A eritromicina é um fármaco usado no tratamento de infecções respiratórias, oculares e genitais. Ela tem sido recomendada na profilaxia de endocardite durante procedimentos dentários em indivíduos com cardiopatia vascular, embora tenha sido substituída em grande parte pela clindamicina, que é melhor tolerada (KATZUNG, 1998).

A azitromicina é muitas vezes preferida por possuir um tempo de meia-vida (aproxima-se de três dias) maior do que outros antimicrobianos, o que permite que ela possa ser administrada uma vez ao dia e que a duração do tratamento seja diminuída. A azitromicina é rapidamente absorvida, mas deve ser administrada 1-2 horas antes ou depois das refeições (KATZUNG, 1998).

Clindamicina

As doses utilizadas variam de 0,15-0,3 g a cada 6 horas para adultos. Os efeitos adversos mais comuns são náuseas, vômito, diarreia e erupções cutâneas (DEF, 2004).

Sulfonamidas, Trimetoprina e Quinolonas

Sulfonamidas

Os fármacos que compõem essa classe de antimicrobianos possuem sua estrutura química relacionada a do ácido para-aminobenzoico (PABA), sendo análogos estruturais desse composto.

O PABA é uma substância fundamental, para os micro-organismos, na síntese de ácidos nucleicos como o DNA e RNA. As sulfonamidas são capazes de inibir reversivelmente o crescimento de bactérias por bloquear a síntese de ácido fólico (KATZUNG, 1998).

Reações adversas

Os efeitos adversos mais comuns são febre, diarreia, erupções cutâneas, dermatite esfoliativa, fotossensibilidade, náuseas, vômito e dificuldades atribuíveis ao trato urinário (WANMACHER & FERREIRA, 1995).

Exemplos:
1. **Sulfadiazina:** oral; 500 mg: a indicação de Katzung (1998) é de 1 g quatro vezes ao dia, sendo mais utilizada em associação com pirimetamina (25 mg) e é indicada para tratamento de toxoplasmose aguda;
2. **Sulfametoxazol:** oral; 500 mg / suspensão 500 mg-5 ml: segundo Katzung (1998), a indicação de uso é de 1 g., duas vezes ao dia e é recomendado para tratamento de infecções urinárias;
3. **Trimetoprima:** oral 100 e 200 mg: esse fármaco também interfere na síntese de DNA e RNA de microorganismos como as sulfonamidas. A trimetoprima inibe a diidrofolato redutase, uma enzima capaz de reduzir o ácido diidrofólico, interferindo assim, na produção de ácidos nucleicos. A trimetoprima e a

pirimetamina, quando administradas em associação a sulfonamidas, produzem um bloqueio sequencial da etapa metabólica de formação de ácidos nucleicos, resultando em acentuado aumento ou sinergismo de atividade de ambos os fármacos. A associação é geralmente bactericida, em comparação com a atividade bacteriostática das sulfonamidas administradas isoladamente.

A farmacodinâmica dessa classe de antimicrobianos, consiste em inibir a enzima DNA girase, presente em micro-organismos, bloqueando assim a síntese de DNA bacteriano, o que caracteriza o tipo de fármaco como bactericida.

Efeitos adversos

Os efeitos adversos mais observados com a administração de fluoroquinolonas são náuseas, vômito e diarreia. Podem ocorrer, em menor frequência, cefaleia, tonteira, insônia e erupções cutâneas.

A gatifloxacina, um exemplo de fluoroquinolonas, pode causar hiperglicemia em pacientes diabéticos e a hipoglicemia pode acontecer em pacientes que fazem uso de hipoglicemiantes orais (WANMACHER & FERREIRA, 1995).

Exemplos:
1. **Ciprofloxacina:** oral (cápsulas) de 250, 500 e 750 mg;
2. **Gatifloxacina:** oral (comprimidos) de 200 e 400 mg;
3. **Levofloxacina:** oral de 250, 500 e 750 mg e
4. **Norfloxacina:** oral (comprimidos) de 400 mg.

A absorção oral pode ser afetada pela administração concomitante de antiácidos; portanto, deve-se alertar o paciente sobre o uso dos medicamentos (KATZUNG, 1998).

Anti-inflamatórios

Os anti-inflamatórios agem de maneira a aliviar a dor, queixa constante dos pacientes que apresentam um processo inflamatório. Atuam retardando ou interrompendo o processo responsável pela lesão tecidual.

Para haver redução da inflamação são usados vários medicamentos; entre eles, estão os agentes anti-inflamatórios não esteroides (AINE), os agentes anti-inflamatórios não opioides e os glicocorticoides (CASTILHO, et al., 1998).

Anti-inflamatórios não esteroides (AINE)

Os fármacos que compõem essa classe de anti-inflamatórios são os salicilatos e outros. Eles possuem a capacidade de reduzir os sinais e sintomas da inflamação, além de atuarem como antipiréticos e analgésicos. Entretanto, a atividade anti-inflamatória é mais evidente (RAINSFORD, 1984).

A maioria dos anti-inflamatórios não esteroides não tem sua biodisponibilidade modificada pela presença de alimentos.

Todos os AINE são, em graus variados, analgésicos, antipiréticos e anti-inflamatórios e todos eles (à exceção dos fármacos COX-2 seletivos) inibem a agregação plaquetária, além de serem irritantes gástricos (MITCHELL et al., 1993).

Aspirina

É bastante conhecida e usada para o alívio da dor de intensidade leve a moderada e para diminuição de edema. O anti-inflamatório não é indicado em cirurgias menores como as odontológicas, somente para o alívio da dor, sendo preconizado o uso de analgésicos (RAINSFORD, 1984). O mesmo autor acredita que a administração de um anti-inflamatório antes do ato cirúrgico, é de grande valia devido à indução prévia do bloqueio da resposta inflamatória.

Segundo Rainsford (1984), a aspirina, em única dose e baixa, produz prolongamento do tempo de sangramento que duplica, caso a administração for mantida por uma semana.

Em doses habituais, os efeitos adversos mais observados são intolerância gástrica e úlceras gástricas. A administração de aspirina está rotineiramente associada à perda de 3 ml de sangue nas fezes; a perda sanguínea pode se tornar maior com o aumento das doses. Entretanto, se verifica certa adaptação da mucosa em muitos pacientes, de modo que a perda de sangue diminui para valores basais de quatro a seis semanas (KATZUNG, 1998).

O uso de doses elevadas de aspirina pode causar o salicismo, que se caracteriza em um quadro de vômito, zumbido, diminuição da audição e vertigem. Esse quadro é reversível com a redução da posologia (RAINSFORD, 1984).

Anti-inflamatórios inibidores seletivos de COX-2

Os inibidores seletivos da COX-2 são também chamados de coxib e foram desenvolvidos na tentativa de inibir a síntese de prostaciclinas pela COX-2 induzida em locais de inflamação, sem interferir na ação da COX-1 (KATZUNG, 1998).

São analgésicos, antipiréticos e anti-inflamatórios e apresentam a vantagem de provocar menos efeitos colaterais relacionados ao trato gastrintestinal. Não se observa nessa classe de anti-inflamatórios a ação de agregação plaquetária (CASTILHO et al., 1998).

Exemplos:
1. **Celecoxib:** oral (cápsulas) de 100, 200 mg;
2. **Meloxicam:** oral (cápsulas) de 7,5 mg.

Inibidores não seletivos da COX

Diclofenaco

Podem ser administrados comprimidos em doses de 50 mg. Há também comprimidos de liberação tardia de 25, 50 e 75 mg (MITCHELL et al., 1993).

São observados efeitos adversos como distúrbios gastrintestinais e sangramentos gastrintestinais (TORTOMANO et al., 1994).

Ibuprofeno

Pode-se administrar comprimidos de 100, 200, 400, 600 e 800 mg, ou ainda o uso de envelopes contendo pós de ibuprofeno, que será diluído em água. Constatou-se que uma preparação de gel líquido de ibuprofeno (400 mg) proporciona alívio mais rápido e eficácia global superior na dor dentária pós-operatória.

Um dos efeitos adversos mais observados é a irritação gastrintestinal; há também a ocorrência de retenção hídrica gastrintestinal (TORTOMANO, N. et al., 1994).

O uso concomitante com aspirina pode diminuir o efeito anti-inflamatório total (KATZUNG, 1998).

Ácido mefenâmico

Estão disponíveis em comprimidos de 250 mg., para administração oral. O medicamento não é indicado para crianças, é menos eficaz do que a aspirina como anti-inflamatório, além de ser mais tóxico (KATZUNG, 1998).

Glicocorticoides

O glicocorticoide mais conhecido é o cortisol, também chamado hidrocortisona. O cortisol exerce efeitos fisiológicos diversos e tem sua síntese regulada pelo sistema nervoso central.

Os glicocorticoides possuem efeitos anti-inflamatórios e imunossupressores. Eles suprimem consideravelmente a resposta inflamatória, uma vez que diminuem a liberação de leucócitos, citocinas e outras substâncias presentes no processo inflamatório. Além dessas ações, os glicocorticoides também reduzem a síntese de prostaglandinas, leucotrienos e fator de ativação plaquetária (MITCHELL et al., 1993). Segundo o mesmo autor, o uso de corticoides em processos pré-cirúrgicos tem se mostrado uma alternativa eficaz para diminuição da dor e edema, mas as precauções especiais devem ser levadas em consideração quando prescritos.

Efeitos adversos

O uso prolongado de glicocorticoides pode ocasionar uma síndrome conhecida como síndrome de Cushing, que se caracteriza pelo contorno do rosto mais arredondado (forma de lua cheia). Há a ocorrência também de crescimento de pelos, aparecimento de acne, insônia e perda de apetite. A degradação contínua de proteínas e o desvio de aminoácidos para a produção de glicose aumentam as necessidades de insulina, portanto, deve-se tomar cuidado com a prescrição de corticoides para diabéticos. Outros efeitos adversos que são observados são o desenvolvimento de úlcera péptica, náuseas, tonteira, perda de peso (KATZUNG, 1998).

Precauções especiais

Pacientes que estão em tratamento com corticoides devem ser alertados e acompanhados devido ao possível surgimento de hiperglicemia, retenção de sódio com edema ou hipertensão, úlcera péptica, osteoporose e infecções ocultas. Nesses casos, aconselha-se manter a menor dose terapêutica possível e que as doses sejam administradas em dias alternados.

A prescrição de corticoides deve ser cautelosa em pacientes que apresentam úlcera péptica, cardiopatia ou hipertensos com insuficiência cardíaca, psicoses, diabete, osteoporose e glaucoma (KATZUNG, 1998).

→ Glicocorticoides de curta e média ação:
- → **Cortisona:** oral (comprimidos) de 5; 10; 25 mg;
- → **Prednisona:** oral (comprimidos) de 1; 2,5; 5; 10; 20; 50 mg e
- → **Metilprednisona:** oral (comprimidos) de 2; 4; 8; 16; 24; 32 mg.

→ Glicocortocoides de ação prolongada:
- → **Betametasona:** oral (comprimidos) de 0,6 mg;
- → **Dexametasona:** oral (comprimidos) de 0,25; 0,5; 0,75; 1; 1,5; 2; 4; 6 mg.

Relação de anti-inflamatórios mais utilizados, dispostos na Tabela 1.

Tabela 1. Anti-inflamatórios mais utilizados

Fármaco	Meia-vida (horas)	Exemplo comercial	Dose recomendada de anti-inflamatório
Ácido Salicílico	0,25	Aspirina	1,2-1,5 g, 3 × ao dia
Cetroprofeno	1,8	Profenid	70 mg, 3 × ao dia
Diclofenaco	1,1	Voltaren	50-75 mg, 4 × ao dia
Diflunisal	13	Dorbid	500 mg, 2 × ao dia
Fenilbutazona	68	Butazolidina	100-200 mg, 3 × ao dia
Fenoprofeno	2,5	Trandor	200 mg, 4 × ao dia
Ibuprofeno	2	Spidufen	400-600 mg, 4 × ao dia
Indometacina	4-5	Indocid	50-70 mg, 3 × ao dia
Naproxeno	14	Naprosyn	375 mg, 2 × ao dia
Piroxicam	57	Feldene	20 mg ao dia
Celocoxib	8 – 12	Celebra	200 mg, 2 × ao dia
Ac. Mefenâmico	4	Ponstan	500 mg, 3 × ao dia
Tenoxican	42-98	Tilatil	10-20 mg ao dia
Nimesulide	1-2	Nisulid	200 mg, 2 × ao dia

Analgésicos

Os analgésicos, em geral, derivam da morfina, um alcaloide capaz de aliviar a dor. A morfina foi extraída do ópio obtido pela papoula e as drogas que foram sintetizadas a partir dela são conhecidas como analgésicos opioides.

Usos clínicos dos analgésicos opioides (Segundo KATZUNG, 1998)

1. Analgesia

A dor caracterizada como intensa e constante é, geralmente, aliviada com analgésicos opioides.

2. Tosse

A administração de analgésicos opioides contribui para a supressão de tosse.

3. Anestesia

Os opioides são fármacos usados como pré-medicação na anestesia e cirurgias por apresentarem propriedades sedativas, ansiolíticas e analgésicas.

Efeitos adversos

Os efeitos adversos mais observados após a administração de analgésicos opioides são: comportamento inquieto, depressão respiratória, náuseas, vômitos, elevação da pressão intracraniana, retenção urinária, prurido em torno do nariz e urticária (www.bulario.net/antiinflamatorios).

Exemplos:
1. **Buprenorfina:** oral (comprimidos sublinguais) de 2,8 mg;
2. **Codeína:** oral (comprimidos) de 15, 30 e 60 mg e
3. **Fentanil:** (parenteral) 50 mg/mL para injeção.

Referências bibliográficas

ARAÚJO, L. M. T.; AMARAL, J. L. G. Alergia à lidocaína. Relato de caso. *Rev. Bras. de Anestesiologia*. 2004, 54 (5): 672-676.

BERKUN, Y. *et al*. Evaluation of adverse reactions to local anesthesic: experience with 236 patients. *Annals of Allergy, Asthma and Immunology*. 2003, 91 (4): 342-345.

CASTILHO, L. S. de *et al*. Os anti-inflamatórios não esteroides inibidores de síntese de prostaglandinas mais utilizadas em odontologia. *Rev. do CROMG*. 1998, 4(1): 32-37.

DE CASTRO, F. C. et al. Tratamento odontológico no período da gravidez: enfoque para o uso de anestésicos locais. JBC. 2002, 6 (31): 62-67.

DEF. *Dicionário de Especialidades Farmacêuticas 2004/05*. 33ª ed. Rio de Janeiro: Editora de Publicações Científicas, 2004.

FARIA, F. A. C.; MARZOLA, C. Farmacologia dos anestésicos locais – considerações gerais. BCI. 2001. 8 (29): 19-30.

FERREIRA, M. B. C. *Farmacologia Clínica para Dentistas*. Rio de Janeiro: Guanabara-Koogan, 1999. Cap. 16, p. 104-116.

HENRIQUES, P. G. Protocolo Farmacológico das Cirurgias Plásticas Periodontais. In: HENRIQUES, P. G. *Estética em Periodontia e Cirurgia Plástica Periodontal*. 3ª ed. São Paulo: Ed. Santos, 2003.

KATSUNG, B, G. *Farmacologia (Básica & Clínica)*. 6ª ed. Rio de Janeiro: Guanabara Koogan, 1998, p. 337-349; 416-430; 613-653; 854.

MALAMED, S. F. *Manual de Anestesia Local*. 5ª ed. São Paulo: Elsevier. 2004.

MARIANO, R. C. et al. Análise comparativa do efeito anestésico da lidocaína 2% e da prilocaína 3%. BCI. 2000. 7 (27): 15-19.

MIKESELL, P. et al. A comparison of articaine and lidocaine of inferior alveolar nerve blocks. J. Endond Baltimore. 2005. 31 (4), p.265.

MITCHELL, J. A. et al. Selectivity of nonsteroidal antiinflammatory drugs as inhibitors of constitutive and inducible cyclooxygenase. Proc. Natl. Acad. Sci. 1993. 90: 11693-11697.

PONZONI, D. et al. Influência de solução anestésica local contendo mepivacaína no processo de reparo em feridas de extração dental: análise histológica em ratos. Rev. ABO, 2003. 11(5): 287-292.

RAINSFORD, K. D. *Aspirin and the salicylates*. Butterworth, London.1984.

RANALI, J.; VOLPATO, M. C. Bupivacaína – anestésico local de longa duração: revisão sobre sua farmacologia e uso clínico em Odontologia. RBO. 1990. 47(6): 36-40.

SOUZA, J. A.; FARIA, M. T. P. Intoxicação sistêmica por anestesia local. Relato de um caso. RBO. 1991, 48(3): 50-55.

TORTOMANO, N. et al. G.T.O.: Guia Terapeutico Odontológico / G.T.O.: Dental Therapeutics Guide. Santos. 1994, 172 p.

TORTAMANO, N.; ARMONIA, P. L. Anestésicos Locais. In: TORTAMANO, N.; ARMONIA, P. L. *Guia Terapêutico Odontológico*. 14ª ed. São Paulo: Santos. 2001. Cap. 4, p. 30-41.

VEERING, B. *Complications and local anaesthetic toxicity in regional anaesthesia*. Curr opin anaesthesiol. 2003, 16 (5): 455-459.

WANMACHER, L.; FERREIRA, M. B. C. *Farmacologia Clínica para Dentistas*. Rio de Janeiro: Guanabara Koogan, 1995, p. 107-11

www.bulario.net/antiinflamatorios. Acesso em 4 jan. 2010.

Capítulo 3

INTRODUÇÃO À PLÁSTICA PERIODONTAL

GUIMARÃES, G. M.

A sociedade atual exige cada vez mais que você tenha uma estética favorável, para um bom convívio social ou no trabalho e ainda a tão almejada, inclusão social.

A medicina estética tem se destacado neste contexto, deixando as pessoas com um "corpo mais belo". A Odontologia não fica ao largo deste processo.

Este grau de exigência estética se deve principalmente à ação da mídia, mostrando que pessoas com alto padrão de beleza têm sucesso profissional e pessoal. A beleza do sorriso tem papel importante neste processo, sendo preponderante para uma boa apresentação individual. Este sorriso agradável já foi descrito por Brisman (1980) como sorriso de mídia, que foi imposto na sociedade europeia desde os anos de 1980.

Porém, a beleza é percebida individual e subjetivamente, sofrendo influências culturais e étnicas (SILVA, 2004). Como meio de exemplificação deste processo, podem ser citadas as "mulheres girafas" (Figura 1), que colocam anéis no pescoço para prolongá-los, pois assim serão consideradas mais belas; ou ainda, em alguns povoados na península de Yucatán no México, pessoas usam molduras de ouro nas proximais e incisais dos dentes anteriores superiores, como sinal de jovialidade e beleza.

Figura 1. Mulheres girafas.

O fato de o conceito da beleza não ser individual nem padronizado, é percebido pela constância que a mídia relata que todos os tipos de tratamentos odontológicos servem para todos os pacientes (ROSSETTI, 2010), não sendo portanto, um tratamento individualizado, como deve ser a odontologia moderna, que deve focar nas particularidades de cada paciente.

É indubitável que a melhora da aparência produz efeitos psicológicos positivos, contribuindo assim com a autoestima. Segundo alguns estudos psicológicos, pessoas mais atraentes são mais qualificadas e confiáveis (BLANCO et al., 1999), sendo preferidas em qualquer ambiente em que apresentam-se.

As mulheres, segundo Razak & Jaafar (1987), visitam mais os dentistas por razões estéticas que os homens. Isto nos leva a crer que o grau de exigência é maior no sexo feminino.

Mas o que é o belo? O belo é tudo aquilo que parece harmonioso, que seja simétrico, pois a simetria é considerada como bela, levando sentido e descanso ao olhar.

O sorriso, proporcionado pelo conjunto dentes / gengivas / lábios / musculatura, possui expressões que influenciam no relacionamento entre pessoas, inclusive consigo mesmo, denotando a importância do conjunto supracitado no papel desta importante mímica facial.

Sendo um poderoso ato de relacionamento, o sorriso deve ser simétrico. Dentes mais brancos e com formatos mais adequados, chamados de estética branca, são um componente de extrema importância do sorriso, tornando-o mais bonito.

A periodontia, levada pela exigência por parte dos pacientes de conseguir uma estética bucal mais harmoniosa, tem se preocupado em solucionar problemas estéticos gengivais, chamados de estética vermelha, principalmente no que se refere às retrações gengivais (RG), que vêm ganhando *status* de incômodo na odontologia.

É importante frisar que, para que se obtenha uma perfeita harmonia no sorriso, o sincronismo entre a estética branca e a vermelha tem de estar presente (ZUCCHELLI, 2007).

Pesquisas têm sido realizadas sobre qual o grau de importância que as pessoas dão ao tratamento odontológico estético, que segundo Silva (2004) tem o poder de promover o rejuvenescimento facial. Marchini (2000) concluiu que 96% das pessoas acreditam que a aparência dos dentes é de vital importância pessoal e social, melhorando a autoestima. Pesquisa dirigida pela American Academy of Periodontology – AAP (2004) aponta que 82,54% das pessoas dão importância a uma gengiva delicada. Segundo a mesma pesquisa, em resposta aos questionários enviados aos cirurgiões-dentistas, foi obtido um índice de 73,64% de pessoas que procuram a melhora da estética gengival, em tratamento odontológico. Foi concluído também, que os pacientes estão dando um grau elevado de importância sobre o desconforto estético que a RG proporciona.

Os defeitos gengivais chamados de antiestéticos podem ser consideradas as gengivites, periodontites, invasão do espaço biológico, assimetrias gengivais, recessões gengivais e papilas interdentais deficientes ou ausentes (BOSCO et al., 2010).

Brunsvold et al. (1999) encontraram um índice de 25,6% de pessoas que relatam queixas com a estética gengival ou dental na região anterior. Segundo os autores, quando estes relatos estão ligados à gengiva, a RG é que tem maior índice de queixas, sendo estas reclamações mais comuns em pessoas com idade mais elevada, relacionando ao aumento da RG com o avançar da idade (GUIMARÃES e AGUIAR, 2012).

Em questionários enviados a periodontistas para pesquisar quais as principais queixas sobre as condições estéticas periodontais, a correção de retrações gengivais foi a que obteve a maior solicitação de tratamentos (ZAHER et al., 2005).

O tratamento da RG possui uma gama de procedimentos cirúrgicos e não cirúrgicos à disposição do clínico e com alta previsibilidade. A solução desta alteração estética torna-se imperativa devido aos problemas advindos da não cobertura da raiz, como: sensibilidade, cáries de raiz, estética desfavorável, perda de suporte periodontal e dificuldade de manutenção de higiene oral (DORFMAN, 1978).

A correção dos defeitos estéticos na periodontia tem ganhado importância no desejo dos pacientes. Surgiu a definição de cirurgia plástica periodontal, que se tornou um termo mais adequado que cirurgia mucogengival, antes usada para definir o tratamento de defeitos mucogengivais.

A cirurgia plástica periodontal tem ido além dos problemas associados à quantidade de gengiva e ao tipo de retração, incluindo aí a correção de rebordos alveolares, da estética de tecidos moles, correções do chamado sorriso gengival, assimetria gengival e pigmentação ou descoloração da gengiva (DUARTE et al., 2002).

Devido à alta demanda estética, a cirurgia plástica periodontal vem sendo solicitada cada vez mais pelos pacientes e pela indicação dos clínicos que julgam necessária a intervenção do especialista. Ela deve ser eletiva e realizada em situações satisfatórias de saúde geral e sistêmica (CAMPOS, 2009), não sendo preconizada indiscriminadamente, tendo em vista que a RG não é necessariamente progressiva (CANCIAN et al., 1997), portanto, deve ser bem indicada.

Devemos ter o cuidado para indicar um tratamento estético a um paciente, para que este não agregue valores a este procedimento, caso contrário pode haver dificuldade na relação paciente / profissional, originando efeitos indesejáveis em cascata como veremos na Figura 2.

Figura 2. Cascata de má indicação de um procedimento de cirurgia plástica periodontal.

Deixar o paciente bem esclarecido sobre todos os pontos do tratamento, como o diagnóstico, possíveis terapias, escolha compartilhada do tratamento e prognósticos, para não ter surpresas desagradáveis no relacionamento com ele.

Um tratamento estético bem-sucedido resgata a autoestima e o convívio social de um paciente (EL ASKARY, 2004).

Como a principal queixa estética gengival está relacionada à RG, a presente obra tem como objetivo discutir e mostrar as soluções cirúrgicas para a correção desta anomalia, bem como detalhar as técnicas operatórias para a solução de raízes desnudas.

Definição e sinomínia das retrações gengivais

As retrações gengivais (RG) têm como principal característica a migração gengival em sentido mais apical em relação à junção cemento-esmalte, podendo ser generalizada ou localizada, afetando um ou mais dentes (STONER & MAZDYASNA, 1980 e AAP, 1992). Rasperini *et al.* (2011) relatam ainda que é raro que a RG acometa somente um dente, atingindo na maioria das vezes mais dentes.

A retração gengival também pode receber o sinônimo de recessão gengival (CORTELLI *et al.*, 2005) e, segundo Tumenas *et al.* (2005), a RG pode ser denominada também desnudamento radicular, recessão dos tecidos periodontais e recessão periodontal.

Pelo fato de o cemento, osso alveolar, ligamento periodontal e mucosa alveolar estarem envolvidos na RG, Maynard & Ochenbein (1975) propuseram o termo recessão do tecido marginal, o que parece mais fiel, pois retrata os eventos que ocorrem no processo de formação das RG.

Nesta obra será utilizada a denominação de retração gengival, seguindo o Glossário de Termos proposto pela Sociedade Brasileira de Periodontologia – SOBRAPE (CORTELLI et al., 2005).

Referências bibliográficas

AMERICAN ACADEMY OF PERIODONTOLOGY. *Glossary of periodontal terms*. The American Academy of Periodontology. 3ª ed. Chicago, 1992.

_____. *Results of AAP surveys on using tax refunds for periodontol plastic surgery*. The American Academy of Periodontology. Chicago, abr. 2004. Disponível em: <http://www.perio.org/consumer/refund_data.htm>. Acesso em 26 jan. 2007.

BOSCO, A. F. *et al*. Estética em Periodontia: Cirurgia plástica periodontal. *In*: SALLUM, A. W. *et al. Periodontologia e Implantodontia. Soluções Estéticas e Recursos Clínicos*. 1ª ed. São Paulo: Ed Napoleão, 2010.

BRISMAN, A. S. Esthetics: a compararison of dentists and patients concept. *J. Amer. Dent. Assoc.* 1980, 100: 345-351.

BRUNSVOLD, M. A. *et al*. Queixas principais de pacientes que procuram tratamento para periodontite. *J. Am. Dent. Assoc.* Ed. Brasileira, 1999. 2(3): 46-51.

BLANCO, O. G. *et al*. Estética em odontologia. Parte I. Aspectos psicológicos relacionados a la estética bucal. *Acta Odontol Venez.* 1999. 37(3): 33-38.

CAMPOS, G. V. A periodontia em sintonia da estética dental. *In*: NERY, C. F. A periodontia em sintonia com a estética dental. *Rev. Assoc. Paul. Cirurg. Dent.* 2009. 3(3): 178-184.

CANCIAN, D. C. J. *et al. Tratamento de recessões gengivais. XVII Congresso da Sociedade Brasileira de Periodontologia*. XXIII Reunião dos Professores de Periodontia. Programa Geral e Anais, p. 51. Vitória, 9 a 12 de abril de 2007.

CORTELLI, J. R. *et al*. Glossário da sociedade brasileira de periodontologia. *Rev. Periodontia*. 2005. 15(4): 14.

DORFMAN, H. S. Mucogengival changes resulting from mandibular incisor tooth movement. *Am. J. Orthod.* 1978. 74: 286-297.

DUARTE, C. A. *et al.* Cirurgia Mucogengival. *In*: DUARTE, C. A. *Cirurgia Periodontal Pré-protética e Estética.* 1ª ed. São Paulo: Ed Santos, 2002.

EL ASKARY, A. E. S. Introdução. *In*: EL ASKARY, A. E. S. *Cirurgia Estética Reconstrutiva na Implantodontia.* 1ª ed. São Paulo: Ed Santos, 2004.

GUIMARÃES, G. M.; AGUIAR, E. G. Prevalence and type of gingival recession in adults in the city of Divinóplis, MG, Brasil. *Braz. J. Oral Sci.* jul./set. 2012. 11(3): 357-361.

MARCHINI, L. *Odontologia estética é sustentada pelo mito da aparência.* Internet Health Company do Brasil S/A. www.medcenter.com. 2000. Disponível em: <http://www.odontologia.com.br/noticias.asp>. Acessado em 09/09/2006.

MAYNARD, J. G.; OCHESNBEIN, C. Mucogingival problems prevalence and therapy in children. *J. Periodontol.* 1975. 46(9): 543-553.

RASPERINI, G.; ACUNZO, R.; LIMIROLI, E. Decision making in gingival recession treatment scientific evidence and clinical experience. *Clin. Adv. Periodontics.* 2011. 1(1): 41-52.

RAZAKI, A.; JAAFAR, N. Dental needs, demands and patterns of service utilization in a selected malasysian/urban population. *Community Dent. Oral Epidemiol.* 1987. 15: 188-191.

ROSSETTI, P. H. O. Manuseio dos tecidos moles no pós-cirúrgico. *In*: NERY, C. F. Manuseio dos tecidos moles no pós-cirúrgico. *Perionews.* 2010. 4(4): 318-324.

SILVA, S. R. Odontologia estética. *Rev. Assoc. Paul. Cirurg. Dent.* 2004. 58(2): 87-96.

STONER, J.; MAZDYASNA, S. Gingival recession in the lower incisor region of 15-Year-old subjetcs. *J Periodontol.* 1980. 51: 74-76.

TUMENAS, I. *et al.* Variabilidade morfológica do tecido palatino humano usado para recobrimento radicular. *Rev. Assoc. Paul. Cirurg. Dent.* 2005. 59(5): 336-343.

ZAHER, C. A. *et al.* Interest in periodontology and preferences for treatment of localized gingival recessions. *J. Clin. Periodontol.* 2005. 32(4): 375-382.

ZUCCHELLI, G. *Inter-pério.* Curso Internacional Teórico Demonstrativo de Cirurgia Plástica Periodontal. Associação Paulista de Cirurgiões-Dentistas. São Paulo, 25 a 27 de outubro, 2007.

Capítulo 4

ETIOPATOGENIA DAS RETRAÇÕES GENGIVAIS

GUIMARÃES, G. M.

Fatores etiológicos

A retração gengival (RG) está ligada a fatores mecânicos e ao progresso da doença periodontal, não sendo, portanto, possível identificar um único fator causal, mas sim uma associação deles (LÖE et al., 1992). Portanto, a RG é de etiologia multifatorial, causada tanto por fatores anatômicos como patológicos, estando presentes em pacientes com doença periodontal e também naqueles com alto índice de higiene oral (LITONJUA et al., 2003).

Joshipura et al. (1994) relatam, após estudo das causas da RG, que a higiene traumatogênica realizada pelos pacientes e a ação lesiva aos tecidos marginais causada pelo biofilme dental acumulado são seus principais fatores etiológicos.

A Tabela 1 mostra a diversidade de fatores, explanando a característica de cada um deles e a autoria de cada pesquisa.

Tabela 1. Fatores etiológicos das retrações gengivais.

Fatores	Características do fator	Autores
Inflamação gengival	Envolve processo inflamatório localizado, que causa a destruição do tecido conjuntivo e posterior migração do epitélio	BAKER & SYMOUR, 1976
	A placa bacteriana age com mais facilidade em tecido gengival mais delgado e delicado e em osso alveolar fino	LINDHE et al., 1989
	Invasão da placa bacteriana	ZUCCHELLI, 2007

Fatores	Características do fator	Autores
Posicionamento dos dentes nos arcos e morfologia dental	Erupção vestibularizada, rotação e/ou pressão da língua implicará mínima faixa de mucosa ceratinizada e pouco osso vestibular. Qualquer tipo de trauma ou inflamação gengival pode induzir a retrações gengivais, generalizadas ou localizadas, pela reabsorção da tábua óssea ou necrose do epitélio	MAYNARD & WILSON, 1980
	Sobremordida acentuada, levando os incisivos inferiores a tocarem a gengiva palatal dos incisivos superiores e o contato destes com o palato, pode gerar alterações gengivais como a RG. Raízes divergentes como os primeiros molares e aquelas com grande convexidade, como os caninos, têm a maior tendência a apresentar retrações	JECKINS & ALLAN, 1994
Trauma de escovação	Forma do arco, posicionamento dos dentes na arcada, rigidez das cerdas das escovas dentais, escovação mais longa e com maior força podem produzir maior retração	HIRSCHFELD, 1931
	Dois terços da população de países desenvolvidos apresentam danos no tecido gengival, devido à escovação traumática	SAGNES & GJERMO, 1976
	A abrasão causada pela escovação traumática é a causa da maior perda de inserção da face vestibular, mais frequente em caninos e pré-molares, independentemente da técnica usada e do tipo de dureza de cerdas	BJORN et al., 1981
	Técnica imperfeita de higiene oral provoca maior quantidade de RG	ALEXANDER, 1984
Movimentação ortodôntica	Vestibularização de dentes em regiões de fina camada óssea vestibular, induzindo a reabsorção óssea	FOUSHEE et al., 1985
Faixa de mucosa ceratinizada	Inadequada faixa de mucosa ceratinizada, associada à pobre higiene, podem ser fatores predisponentes	HALL, 1977
Fio dental traumática	Defeitos e forma de fendas	ZUCCHELLI, 2007

Fatores	Características do fator	Autores
Trauma oclusal	Trauma gera abfração, que por sua vez gera retração	GRIPO, 1991
	Gera movimento dentário, pode migrar para vestibular e desenvolver retração	JEKINS & ALLAN, 1994
Terapias periodontais	Principalmente em cirurgia de reposicionamento apical do retalho	JECKINS & ALLAN, 1994
Fatores iatrogênicos	Instalação de matrizes, restaurações provisórias mal adaptadas e desenho inadequado da prótese	MANSON & ELEY, 1995
Doença periodontal avançada	Tem como consequência a perda de grande parte do periodonto de inserção e seu tratamento pode levar à RG	BOSCO et al., 2007
Traumas extrínsecos	*Piercing* labial e lingual	ZUCCHELLI, 2007
Herpes vírus	Há destruição em horas, linfadenopatia, dor, presença de vesícula e aparece subitamente	PINI PRATO, 2002
	Mais raro, destrói mucosa ceratinizada e deixa o tecido conjuntivo exposto, gerando dor	ZUCCHELLI, 2007
Mix bactéria / trauma	Associação de ambos	ZUCCHELLI, 2007

Segundo Bernimoulin (1974), a recessão óssea é condição para a formação de uma RG, facilitando seu desenvolvimento.

As figuras 1-A e 1-B mostram a ação do biofilme dental e o cálculo dental provocando a RG, por meio de intensa inflamação.

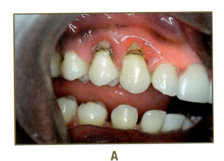 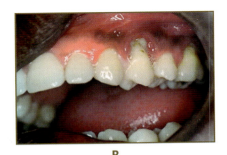

A   B

Figuras 1-A e 1-B. Biofilme dental e cálculo, sendo um dos fatores etiológicos das retrações gengivais.

A hipersensibilidade tem papel importante na etiologia da RG, indicando a possível necessidade para o recobrimento radicular, conforme pode ser visto no Gráfico 1.

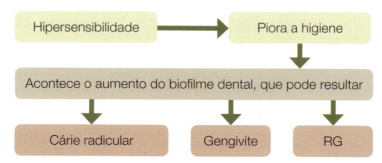

Gráfico 1. Ação da hipersensibilidade dentária.

Deve-se frisar que os chamados festões de MacCall e a fissura de Stilmann, esta última era creditada ao trauma oclusal, são consideradas RG (BORGHETTI & MONNET-CORTI, 2002).

A importância do conhecimento dos fatores etiológicos das RG é indispensável para a realização de um bom plano de tratamento e para fornecer um prognóstico da terapia escolhida, bem como realizar o controle destes fatores causais (ALMEIDA, 2007).

Na patogênese das RG existem duas classes de fatores, que acarretam e desenvolvem as retrações gengivais: fatores predisponentes, isto é, aqueles que favorecem o aparecimento da RG, e os fatores precipitantes, que induzem ou iniciam o mecanismo de destruição da margem gengival (Tabela 2). Acredita-se que a associação de pelo menos um de cada fator desenvolva a RG (O'LERAY *et al.*, 1971).

Tabela 2. Fatores predisponentes e precipitantes das retrações gengivais.

Classe de fatores	Características dos fatores
Predisponentes	Gengiva inserida insuficiente, inserção anômala dos freios, vestíbulo raso, má posição dentária nos arcos e fenestração óssea
Precipitantes	Higiene traumatogênica, laceração, inflamação recorrente, trauma oclusal, acúmulo de placa bacteriana e fatores iatrogênicos (preparos subgengivais, bandas ortodônticas que invadem a distância biológica)

Etiopatogenia

A patogênese da RG envolve um processo inflamatório localizado, causando a desorganização do tecido conjuntivo (TC), levando o epitélio para dentro deste último, que, diminuído, limita a sua nutrição, provocando assim uma necrose. Com isso, há a exposição do TC, que, por sua vez, também sofre o processo de necrose (BAKER & SYMOUR, 1976). Todo este processo está esquematizado conforme a Figura 2

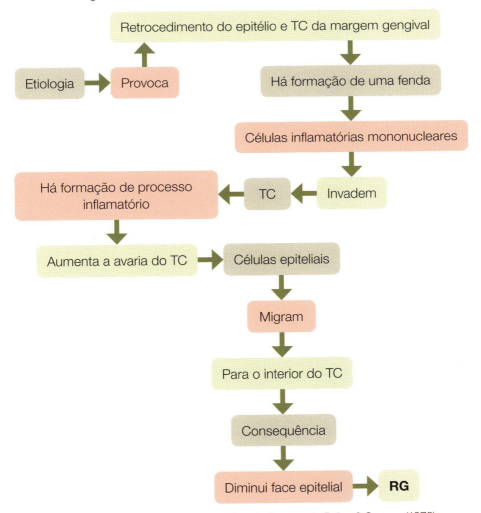

Figura 2. Patogênese das Retrações Gengivais segundo Baker & Symour (1976).

A perda de inserção periodontal, que está presente na RG, pode ter também fatores etiológicos, chamados de psicossomáticos, como estresse, medo, depressão, ansiedades e eventos negativos da vida (OPPERMANN *et al.*, 2005).

Referências bibliográficas

ALEXANDER, J. F. Escovas e escovação dentárias. *In*: MENAKER, L. *et al*. *Cáries Dentárias: Bases Biológicas*. Rio de Janeiro: Guanabara Koogan, 1984.

ALMEIDA, A. L. P. F. *et al*. Cros-sectional evolution of the presence of gingival recession in individuals width cleft lip and palate. *J. Periodontol*. 2007. 78(1): 29-36.

BAKER, D. L.; SYMOUR, G. J. The possible pathogenesis of gingival recession. A histological study of indiced recession in the rat. *J. Clin. Periodontol*. 1976. 3(4): 208-219.

BERNIMOULIN, J. P. Recheches cliniques relatives récession gingivales dans la paradontalyse involutive. *Rev. Mens. Suise. Odonto-Stomatol*. 1974. 84: 60-69.

BJÖRN, A. *et al*. Gingival recession in 15-year old pupils. *Sweed Dent. J*. 1981. 5: 141-146.

BORGHETTI, A.; MONNET-CORTI, V. Recessões Teciduais Marginais. *In*: BORGHETTI, A.; MONNET-CORTI, V. *Cirurgia Plástica Periodontal*. Porto Alegre: Artmed, 2002.

BOSCO, A. F. *et al*. Uma abordagem interdisciplinar na melhora de resultados estéticos na região anterior da maxila. Relato de Caso Clínico. *Perionews*. 2007. 1(1): 40-44.

FOUSHEE, D. G. *et al*. Effects of mandibular orthognatic treatment of mucogingival tissue. *J. Periodontol*. 1985. 56: 727-733.

GRIPO, J. O. Abfractions: a new classification of hard tissue lesions of teeth. *J. Esth. Dent*. 1991. 3: 14-19.

HALL, W. B. Present status of soft tissue grafting. *J. Periodontol*. 1997. 48: 587.

HIIRSCHFELD, I. Tooth-brush trauma recession; a clinical tudy. *J. Clin. Periodontol*. 1931. 11(1): 61-63.

JECKINS, W. M. M.; ALLAN, C. J. *Guide to periodontics*. 3ª ed. Oxford: 1994. 155 p. – Mucogingival Problems.

JOSHIPURA, K. *et al*. Gingival recession: intra-oral distribution and associated factors. *J. Periodontol*. 1994. 9 (65): 864-871.

LINDHE, J. *et al*. Periodontal loser sites in untreated adult subjects. *J. Clin. Periodontol*. 1989. 16: 671-678.

LITONJUA, L. A. *et al*. Toothbrushing and gingival recesion. *Int Dent. J.* 2003. 53(2): 67-72.

LÖE, H. *et al*. The natural history of periodontal disease in man: prevelence, severity and extent of gingival recession. *J. Periodontol*. 1992. 63: 489-495.

MANSON, J. D.; ELEY, B. M. *Outline of periodontics*. 3ª ed. Oxford, 1995. The natural history of periodontal disease.

MAYNARD, J. G.; WILSON, R. D. Diagnosis and management of mucogingival problems in children. *Dent. Clin. North Am*. 1980. 24: 683-703.

O'LERAY, T. J. *et al*. The incidence of recession in young males: a further study. *J Periodontal*. 1971. 42: 264-267.

OPPERMANN, R. V. *et al*. Epidemiologia das doenças periodontais. *Rev. Periodontia*. 2005. 15(4): 62-76.

PINI PRATO, G. *et al*. Virial etiology of gingival recession. A case report. *J. Periodontol*. 2002. 73(1): 110-114

SAGNES, G.; GJERMO, P. Prevalence of oral soft and hard tissue lesion related to mechanical tooth-cleaning procedures. *Comm. Dent. Oral Epidemiol*. 1976. 4(2): 77-83.

ZUCCHELLI, G. Inter-pério. *Curso Internacional Teórico Demonstrativo de Cirurgia Plástica Periodontal*. Assoc. Paul. Cirurg. Dent. São Paulo, 25 a 27 de outubro de 2007.

Capítulo 5

REVISÃO DA LITERATURA

GUIMARÃES, G. M.

Tendo como premissa que, para tratar a retração gengival (RG), tem que se conhecer sua epidemiologia, uma revisão dos principais trabalhos sobre o tema faz-se necessária.

A recessão gengival atinge todas as faixas etárias, mas se torna mais frequente à medida que a idade avança, podendo chegar a 100% (GORMANN, 1967 e CARRANZA, 1992).

Gormann (1967) afirma que a RG tem maior incidência em incisivos inferiores e na raiz mésio-vestibular dos primeiros molares superiores.

O'Leary, et al. (1971) chegaram a um resultado de 100% de frequência de RG para indivíduos com faixa etária mais avançada.

Em indivíduos com menos de vinte anos de idade, um índice de 19% de RG foi encontrado por Carmam & Kopezyr (1973).

Akapata & Jackon (1979) observaram maior frequência de RG nos incisivos inferiores e no primeiro molar superior, na idade de vinte anos.

Aimano et al. (1986) encontraram uma prevalência de RG em crianças de cinco anos em torno de 5%, e em adolescentes de 17 anos na faixa de 74%.

Entre 18 a 64 anos de idade e para pessoas acima dos 65 anos, o índice de prevalência da retração gengival é respectivamente 50 e 88%, apresentando pelo menos um sítio com RG (MILLER et al., 1987).

Segundo Vehkalathi (1989), em pacientes com idade superior a 43 anos, 68% tinham pelo menos um dente com RG e os dentes mandibulares eram mais acometidos que os maxilares.

Ngan et al. (1992) verificaram em crianças e adolescentes uma porcentagem de 12 a 19% de RG, respectivamente, sendo estes mais comuns em regiões dos incisivos mandibulares, dentes estes que apresentavam maior proeminência no arco.

Pilot et al. (1992) afirmaram que é raro encontrar um indivíduo acima de 45 anos de idade com um periodonto completamente saudável.

Serino et al. (1994) estudaram uma população compreendida entre 18 a 65 anos de idade, encontrando 7% de RG na faixa de 18 a 29 anos (com no mínimo um milímetro), 25% no grupo de 30 a 41 anos, 33% naqueles de 42 a 53 anos e um índice de 40% na faixa etária de 54 a 65 anos. Segundo os autores, todos os grupos apresentavam alto índice de higiene oral.

Segundo Susin (1997), indivíduos entre 9 a 12 anos de idade possuem uma prevalência de recessões gengivais de 8,95%, e as áreas destas RG que estão com sinais de inflamação alcançam 80%. Neste mesmo trabalho, o autor conclui, baseado nos resultados conseguidos, que as RG podem aparecer precocemente.

Lesões em forma de cunha nas faces vestibulares, que são mais comuns em dentes unirradiculares na região cervical, são frequentes em populações que mantêm alto índice de higiene oral, resultando em perda de inserção e retração gengival (LINDHE, 1997).

Van Palenstein Helderman et al. (1998), pesquisando a RG em pessoas entre 20 e 34 anos de idade, encontraram 32% de prevalência desta lesão. Na faixa etária de 45 a 64 anos, este índice subiu para 64%, sendo a maxila mais afetada que a mandíbula, ocorrendo maior incidência nos primeiros molares superiores.

Albandar & Kingman (1999), pesquisando 9.689 pessoas com idade entre trinta e noventa anos na população norte-americana, encontraram RG com pelo menos três milímetros em 22,5% em um ou mais dentes da população estudada. Segundo os mesmos autores, o grau de severidade deste quadro e a sua incidência tendem a aumentar com o avançar da idade: acomete mais homens, são mais frequentes na face vestibular dos dentes, estão mais relacionadas à doença periodontal destrutiva e às cáries de raiz.

Arowojolu (2000), estudando 491 pacientes na faixa etária de 16 a 82 anos de idade, um total 52,7% do sexo masculino e 47,3% do sexo feminino, encontrou maior quantidade de retração gengival no grupo de 46 a 55 anos de idade. Neste mesmo trabalho, foi encontrada uma média de aumento da RG de 0,04% entre 16 e 25 anos e 58,5% entre 56 e 65 anos. O mesmo autor considerou que as principais causas das RG estavam relacionadas, principalmente, ao alinhamento dentário, seguido do trauma de oclusão, trauma de escovação e, por último, à presença de cálculo supragengival.

É interessante mencionar que as pessoas canhotas possuem melhor higiene bucal, mas, em contrapartida, apresentam um maior índice de retração gengival que os destros. Para ambos, as RG são mais comuns em pré-molares e caninos superiores (TEZEL et al., 2001).

Meneghim et al. (2002) estudaram uma população idosa acima dos 50 anos de idade e encontram retrações gengivais em 43,9% das pessoas até os 75 anos. Destas, 23% tinham lesões radiculares. Acima dos 75 anos, a frequência das RG subiu para 56,1% e, destes, 59% apresentavam lesões cervicais.

Hosanguan et al. (2002), pesquisando de 1999 a 2002 453 indivíduos tailandeses na faixa de idade compreendida entre 51 a 92 anos, encontraram 49,6% de RG em pacientes entre 51 a 59 anos de idade e 72% para aqueles com idade superior a 70 anos ($p < 0,001$), sendo que este tipo de alteração periodontal foi mais frequente em homens.

Segundo Borghetti & Monnett-Corti (2002), dentes com deiscência óssea apresentam mais chance de desenvolver RG.

Carreño et al. (2002) verificaram que os pré-molares, seguidos dos incisivos e caninos, tantos superiores como inferiores, apresentavam maior índice de retração gengival e que as mulheres apresentavam menos incidência desta lesão que os homens. Verificaram também que a RG aumenta à medida que há um acúmulo maior de placa bacteriana. A RG foi mais observada em pacientes que utilizaram em maior proporção a técnica de higiene com movimentos horizontais. Os mesmos autores encontraram uma frequência de 83,33% de RG na faixa etária compreendida entre 18 a 67 anos.

Watanabe (2003) encontrou em uma população de adultos brasileiros na faixa etária compreendida entre 35 e 59 anos 98,9% de RG. Destes, 32% apresentavam lesão cervical, sendo 18,6% do sexo feminino e 13,4% do sexo masculino.

Marini (2003) encontrou uma prevalência de recessão gengival de 89% em pessoas com mais de 20 anos de idade, com um aumento da severidade desta lesão com o avançar da faixa etária. Segundo a mesma autora, indivíduos do sexo masculino, fumantes, bruxômanos e que usam escovas de cerdas médias ou duras (de altura uniforme), imprimindo força em demasia na higiene, definem o perfil das pessoas que desenvolvem mais recessões gengivais.

Kassab et al. (2003) encontraram uma prevalência da RG em 88% de pessoas acima de 65 anos de idade e 50% em um grupo de 18 a 64 anos com pelo menos um ou mais sítios com recessão gengival.

Susin et al. (2004), pesquisando a faixa etária entre 25 e 50 anos por meio de questionários em uma amostra de 1460 indivíduos, encontrou 51,6% de incidência de RG, que têm a sua manifestação principalmente na presença de doença periodontal destrutiva, fumantes e em pacientes com alto índice de cálculo supragengival. Os mesmos autores consideraram que os níveis socioeconômicos não são fatores de risco para desenvolvimento da RG.

Marini (2004) estudou a incidência da classificação de Miller e verificou que a classe I foi mais frequente, com diminuição gradual para classes II, III, IV, à medida que indivíduos mais idosos foram avaliados.

Lopes (2005), mensurando a face vestibular dos dentes na faixa etária de 17 a 24 anos, em uma amostra de 60 indivíduos, encontrou 73,33% de frequência de RG. Nesta mesma pesquisa, a maior frequência da RG foi encontrada em pré-molares, com índice de 49,74%, e não foi verificada qualquer correlação entre os gêneros para sua incidência.

Daprile et al. (2007) estudaram estudantes na Universidade de Bologna (Itália) por 5 anos e encontraram uma maior frequência de RG em estudantes com alto nível de higiene oral. Os mesmos autores observaram também que, se houvesse uma mudança de hábitos de higiene oral, haveria uma redução nos danos observados.

Guimarães e Aguiar (2012), estudando 999 indivíduos de uma população na faixa etária compreendida entre 20 a 49 anos de idade, achou 81,40% de frequência de RG, com aumento gradual desta alteração estética, à medida que a idade avança. Os mesmos autores verificaram também que não há correlação entre as condições socioeconômicas e a RG, que não existe predileção desta lesão com referência ao gênero (p=0,478), e que há uma maior frequência de RG classe I de Miller que atinge mais os dentes pré-molares, tanto superiores quanto os inferiores (p=0,892).

Classificação das retrações gengivais

A primeira classificação das RG foi descrita por Sullivan & Atkins (1968), que as dividiu em quatro categorias: profunda e larga, rasa e larga, profunda e estreita, e rasa e estreita.

A subjetividade de julgamento tornou esta classificação pouco utilizada, e a mais citada pela literatura mundial é a de Miller (MILLER, 1985), que foi usada nesta obra e definida abaixo:

→ **Classe I:** caracteriza-se pela margem da retração estar restrita à gengiva inserida, não se estende até a junção mucogengival e não há perda óssea ou tecidual interdentária (Figura 1).

→ **Classe II:** na classe II a margem da retração ultrapassa ou vai até a junção mucogengival sem perda óssea ou tecidual interdentária (Figura 1).

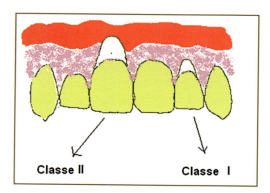

Figura 1. Classes I e II de Miller.

→ **Classe III:** na classe III a margem da retração ultrapassa ou vai até a junção mucogengival. Há perda óssea interdental e as papilas estão apicais à junção cemento-esmalte e coronária à margem da retração (Figura 2) a seguir.

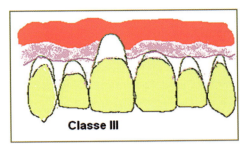

Figura 2. Classe III de Miller.

→ **Classe IV:** caracteriza-se com a retração ultrapassando a junção mucogengival, com perda óssea alveolar entre os dentes, que vai além da margem da RG, ou seja, apresenta perda óssea alveolar em uma face de dentes contíguos (Figura 3).

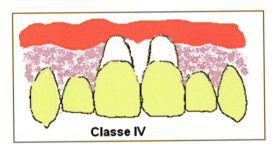

Figura 3. Classe IV de Miller.

Pini-Prato *et al.* (2010) também descreveram uma classificação da RG, utilizando como referência a presença ou a ausência da junção cemento-esmalte (JCE) e discrepâncias da face dental causada por abrasão. Esta classificação proposta compreende:
→ **Classe A:** presença da JCE;
→ **Classe B:** ausência da JCE;
→ **Classe +:** presença de defeito vestibular causado pela abrasão e
→ **Classe −:** ausência de defeito vestibular causado pela abrasão.

Referências bibliográficas

AIMANO, J. *et al*. Gingival recession in school Cchlidren at 7, 12, 17 years of age in espoo, Finland. *Comm. Dent. Oral Epidemiol*. 1986. 14(5): 283-286.

AKAPATA, E. S.; JACKSON, D. The prevalence and distribution of gingivitis and gingival recession in children and young adults in Lagos, Nigéria. J periodontol 1979. 50: 79-83.

ALBANDAR, J. M.; KINGMAN, A. Gingival recession, gingival bleending, and dental calculus in adults 30 years of age and older in the United States, 1988-1994. *J. Periodontol*. 1999. 70(1): 30-43.

AROWOJOLU, M. O. Gingival recession at the university college hospital, Ibadan-prevalence and effect of some aetiological factors. *Afr. J. Med. Med. Sci*. 2000. 39(3-4): 259-263.

BORGHETTI, A.; MONNET-CORTI, V. Recessões Teciduais Marginais. *In*: BORGHETTI, A.; MONNET-CORTI, V. *Cirurgia Plástica Periodontal*. Porto Alegre: Artmed, 2002.

CARMAM, D.; KOPEZYR, R. Tratamiento periodontal en al niño. *Odontologiá pediátrica*. Clin. odontol. norteamérica. Interamericana. 1973. 67-76.

CARRANZA, F. A. *Periodontia Clínica*. 7ª ed. Rio de Janeiro: Guanabara Koogan, 1992. 754 p.

CARREÑO, R. E. S. *et al*. Factores precipitantes en el desarrollo de recessión gingival. *Acta Odontol. Venez*. 2002. 40(2).

DAPRILE, G. *et al*. The evolution of buccal gingival recessions in a student population: a 5-year follow-up. *J. Periodontol*. 2007. Disponível em: <http://www.jopoline.org>. Acessado em: 20/03/2007.

GORMANN, W. J. Prevalence and aethiology of gingival recession. *J. Periodontol*. 1967. 38: 316-322.

GUIMARÃES, G. M.; AGUIAR, E. G. Prevalence and type of gingival recession in adults in the city of Divinóplis, MG, Brasil. *Braz. J. Oral. Sci*. Jul./set. 2012. 11(3): 357-361.

HOSANGUAN, C. *et al*. The extent and correlates of gingival recession in non-institionalised Tahi Elderly. *J. Int. Periodontol*. Out. 2002..

KASSAB, M. M.; COHEN, R. E. The etiology and prevalence of gingival recession. *J. Am. Dent. Assoc*. 2003. 134(2): 220-225.

LINDHE, J. *Tratado de Periodontologia Clínica e implantologia Oral*. 3ª ed. Rio de Janeiro: Guanabara Koogan, 1997.

LOPES, F. A. M. *Avaliação in vitro da prevalência de recessão gengival e facetas de desgaste*. Dissertação de mestrado. Bauru: Universidade de São Paulo, 2005.

MARINI, M. G. *Investigação epidemiológica da ocorrência de recessões gengivais nos pacientes da faculdade de odontologia de Bauru – USP*. Dissertação de Mestrado. Bauru: Universidade de São Paulo, 2003.

_____. Gingival Recession: Prevalence, extension and severity in adults. *J. Appl. Oral Sci.* 2004. 12(3): 250-25

MENEGHIN, M. C. *et al*. Prevalência de cárie radicular e condição periodontal em uma população idosa institucionalizada de Piracicaba – SP. *Pesqui. Odontol. Bras.* 2002. 16(1): 50-56.

MILLER Jr., P. D. A Classification of marginal tissue recession. *Int. J. Period. Rest. Dent.* 1985. 5: 9-13.

MILLER, A. J. *et al*. Oral healt of Unit States adults Maryland. *Natio. Inst. Dental. Reserch. Bethesda.* 1987. Publication nº 87-2868.

NGAN, P. W. *et al*. Recessión gngival vestibular con injerto y sin Injerto en pacientes ortodónticos pediátricos. Efectos de la retracción e inflamación. *Quintessence.* 1992. 5(5): 273-280.

O'LERAY, T. J. *et al*. The incidence of recession in young males: a further study. *J. Periodontol.* 1971. 42: 264-267.

PILOT, T. *et al*. Profiles of periodontal conditions in older age cohorts, measured by CPITN. *Int. Dent. J.* 1992. 42: 23-30.

PINI-PRATO, G.; FRANCESCHI, D.; CAIRO, F.; NIERI, M.; ROTUNDO, R. Classification of dental surface defects in areas of gingival recession. J. Periodontology. 2010. 81(6): 885-890.

SERINO, G. *et al*. The prevalence and distribution of gingival recessions in sobjects with a high standard of oral hygiene. *J. Clin. Periodontal.* 1994. 21: 57-63.

SULLIVAN, H. C.; ATKINS, J. H. Free autógenos gingival grafts. I. Principles of successful grafting. *Periodontics.* 1968. 6: 121-129.

SUSIN, C. *et al*. Prevalência de recessão gengival em escolares e sua relação com estado inflamatório. *Rev. Periodontia.* 1997. 6(1): 41-45.

_____. Gingival recession: epidemiology and risk indicators in a representative urban brazilian population. *J. Periodontol.* 2004. 75 (10): 1377-1386.

TEZEL, A. *et al*. Evaluation of gingival recession in left-and right-handed adults. *Int. J. Neurosci.* 2001. 110: 135-146.

VAN PALENSTEIN HELDERMAN, W. H. *et al*. Gingival recession and its association with calculus in subjects deprived of prophylactic dental care. *J. Clin. Periodontol.* 1998. 25 (2): 106-111.

VEHKALAHTI, M. Occurrence of gingival in adults. *J. Periodontol.* 1989. 60: 599-603.

WATANABE, M. G. C. Root caries prevalence in a group of Brazilian adult dental patients. *Braz. Dent. J.* 2003. 14(3).

Capítulo 6

PRINCÍPIOS BÁSICOS COMUNS DO TRATAMENTO DAS RETRAÇÕES GENGIVAIS

GUIMARÃES, G. M.

Todas as técnicas cirúrgicas com a finalidade de recobrimento radicular possuem alguns protocolos de desenvolvimento que são comuns entre si. Estes protocolos devem ser observados criteriosamente para que se obtenha sucesso, sendo, portanto, básicos para qualquer tipo de cirurgia. Estes procedimentos, que devem ser verificados desde a primeira consulta do paciente até a data de sua alta, aqui serão chamados de princípios básicos comuns do tratamento das retrações gengivais.

Estes princípios serão divididos em exame inicial, indicações e cuidados com a terapia de escolha, controle do biofilme dental, assepsia, descontaminação radicular, cuidados com a remoção do enxerto no palato, suturas, utilização de cimento cirúrgico e pós-operatório.

Exame inicial, indicações e cuidados com a terapia

O primeiro contato com o paciente é de suma importância. É neste momento em que se constroi o bom relacionamento entre o profissional e o paciente, que pode culminar em cooperação e consequentemente em um bom resultado.

É neste primeiro contato em que o profissional passa todo o seu conhecimento sobre a situação clínica encontrada, transmitindo ao paciente a segurança que ele vem procurar.

Explicações bem dadas, usando meios variados como *slides*, fotos, livros, desenhos, fotos de câmeras intraorais (tiradas no momento do exame com visualização direta no computador) ou pelo uso de espelho toucador, são pontos-chave para a compreensão por parte do paciente de seu quadro clínico.

Ouvir atentamente os anseios e as queixas e inseri-las dentro da realidade do tratamento podem livrar o profissional de problemas de relacionamento e promover a empatia.

Possíveis sensibilidades pós-operatórias, provável segunda intervenção cirúrgica para resolver um caso, morbidade da cirurgia e conversa franca sobre os valores de estética devem ser incluídos na pauta da conversa do cirurgião-dentista com o paciente (Figuras 1-A e 1-B) página seguinte.

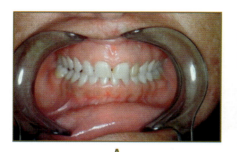 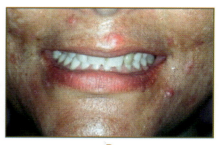

A **B**
Figura 1. Paciente queixou-se do tamanho de seus dentes anteriores superiores (A), mas durante o sorriso a gengiva não está à mostra (B), o que implica respeito aos conceitos e exigências estéticas de cada indivíduo.

Uma pergunta que assombra o profissional, ao se deparar com uma RG, principalmente quando um paciente não se queixou de tal situação clínica, é: devo ou não recobrir a raiz desnuda?

Para esta questão, alguns itens devem ser verificados, a fim de que se possa decidir ou não pelo procedimento cirúrgico.

Segundo Henriques (2003), este "check list" pode ser realizado da seguinte maneira:

→ Qual a exigência estética do paciente?
→ Possui sensibilidade, implicando má higiene?
→ Possui cáries rasas, que podem ser recobertas com tecido conjuntivo ou queratinizado?
→ Com a cirurgia, pode ser favorecido um controle de placa adequado, pois diminui o nicho de retenção bacteriana na raiz?
→ É necessária a recuperação do tecido periodontal perdido (reparação ou nova inserção) ocorrido durante o processo de desenvolvimento da retração?
→ A RG é progressiva?
→ Há pouca quantidade de tecido queratinizado?
→ O paciente vai sofrer intervenções ortodônticas ou restauradoras, como coroas e pontes?

É importante esclarecer para o paciente que anseia uma cobertura radicular total que esta condição não é viável, sendo sua previsão inferior quando comparada aos níveis gengivais intactos dos dentes vizinhos (EGELBERG, 1997).

Uma das questões mais polêmicas continua sendo qual a quantidade de gengiva inserida que deve estar presente. Especificamente para a RG, Henriques (2003) considera que uma faixa de gengiva inserida torna-se fundamental, para evitar o desenvolvimento da lesão.

No entanto, em elementos dentários em que não temos uma faixa adequada de tecido queratinizado, ele pode ser considerado saudável, desde que impeça a retração da margem gengival, principalmente em movimentos da mucosa alveolar (DE TRAY & BERNIMOULIN, 1980), o que pode induzir a uma RG.

No exame do sorriso, a verificação da quantidade e qualidade de gengiva aparente é importante para o planejamento correto do tratamento de recobrimento radicular.

Em trabalho realizado (GUIMARÃES e AGUIAR, 2012), pôde ser verificado que a soma da incidência da RG nos incisivos superiores, caninos superiores e pré-molares superiores atingem 36,62%, em um resultado final de 81,40% das RG encontradas na faixa etária de 20 a 49 anos de idade, área esta que tem vital influência no sorriso de uma pessoa.

Dificilmente teremos um sorriso agradável se lábios, região nasogeniana, nariz e região maxilares não estiverem simétricos, em proporções no seu conjunto (SILVA, 2004).

Especificamente para o tratamento das RG, o exame do sorriso forçado pode gerar dúvidas, pois ele pode ser influenciado momentaneamente pela condição psicológica do paciente.

Portanto, é de boa conduta não decidir o plano de tratamento na primeira sessão, deixando que o paciente fique mais à vontade para proporcionar um sorriso mais fiel. Porém, segundo Liébert *et al.* (2004), o sorriso natural é influenciado somente pela idade e gênero.

Em um exame realizado no paciente, com uma visão central e simétrica da bateria labial superior, os incisivos centrais e caninos estão na linha da face inferior do lábio superior e os incisivos laterais deixam aparecer mais a gengiva marginal. Esta condição é ponto de partida para nos conduzir a um tratamento de recobrimento radicular estético harmônico. Podemos tomar como base para uma boa conduta para planejamento de recobrimento radicular o triângulo formado pelas zonas de zênite da bateria labial superior, o que deixa à mostra mais gengiva nos incisivos laterais superiores (Figuras 2-A e 2-B).

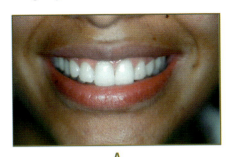
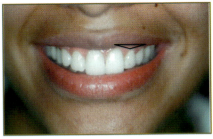

A   B

Figura 2. A) Linhas de sorriso adequadas onde há mais gengiva vestibular à mostra nos incisivos laterais superiores. Boa proporção entre os incisivos centrais superiores em relação aos incisivos laterais superiores e caninos superiores, obedecendo à proporção áurea entre os elementos. B) Triângulo formado entre as zonas de zênite dos dentes anteriores superiores.

Na bateria labial superior, deve ser levada em consideração, para a quantidade de recobrimento radicular necessário, que há maior quantidade de gengiva exposta nos incisivos laterais e que o tamanho dos incisivos centrais são iguais ao tamanho dos caninos, e que os incisivos laterais são menores que estes últimos (Figuras 3 e 4).

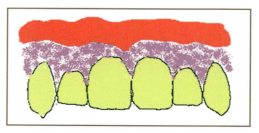

Figura 3. Incisivos centrais do mesmo tamanho que os caninos, os incisivos laterais menores que estes últimos e mostrando uma maior quantidade de gengiva inserida que os demais, durante o sorriso.

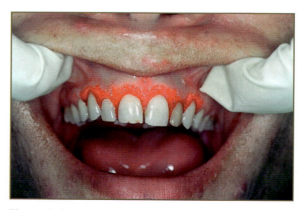

Figura 4. Aspecto imediato após cirurgia de gengivoplastia, deixando a harmonia do sorriso adequada.

Perguntas sobre vícios como o tabagismo e o álcool, que promovem uma baixa nutrição ao tecido gengival, devem fazer parte da anamnese, pois podem ser possíveis fatores de insucessos no tratamento. Pacientes fumantes têm uma maior frequência de RG (MARINI, 2003), uma maior perda de inserção clínica (TANNER *et al.*, 2005), uma menor porcentagem de recobrimento radicular, uma maior profundidade de sondagem residual (ANDIA *et al.*, 2003) e altera os processos de síntese de colágeno e de cicatrização tecidual.

Estes vícios supracitados possuem agravantes: pacientes alcoólatras e tabagistas normalmente não são cooperadores, devido à debilidade motora proveniente da ação do álcool e da presença de crostas da nicotina nos dentes em fumantes, o que leva a uma desmotivação para a realização de uma correta higiene oral.

Pacientes fumantes têm um epitélio palatino mais espesso que aqueles não fumantes (MONNET-CORTI & BORGHETTI, 2002), o que acaba por influenciar na remoção dos enxertos no palato.

Um princípio básico significante é a cooperação do paciente, mantendo uma boa higiene, não provocando traumas no tecido e seguindo as recomendações pós-cirúrgicas, como não induzir qualquer tipo de trauma na região operada, devido à fragilidade do tecido enxertado ou deslocado sobre a raiz desnuda (BOUCHARD et al., 2003).

O profissional tem importante papel na cooperação do paciente, motivando-o e educando-o adequadamente, dispensando especial atenção para estes pontos.

Sendo a higiene o principal fator etiológico da RG, seja ela traumática, injuriando os tecidos, ou ausente, formando biofilme dental e consequentemente resultando em inflamação, que por sua vez pode levar à RG (como visto no capítulo 3), a cooperação do paciente torna-se evidente, deixando assim o tecido livre de inflamações, que no caso de uma intervenção cirúrgica pode levar a uma manipulação inadequada e uma consequente falha na cicatrização (CAMPOS, 2009).

Segundo Bouchard et al. (2003), não se deve tratar qualquer alteração estética em pacientes que tenham alguma patologia periodontal, o que pode levar ao insucesso da terapia escolhida, pois a saúde dos tecidos vizinhos é de extrema importância para cicatrização da ferida cirúrgica.

A RG também pode atingir crianças e adolescentes (SAUVAN et al., 2002). Segundo os mesmos autores, a cirurgia plástica em adolescentes pode ser indicada em casos restritos, como em i) presença de bridas ou freios com inserção inadequada, que pode provocar deslocamento dos tecidos marginais; ii) ausência total de gengiva inserida; iii) evolução ectópica dentária na mucosa alveolar; iv) para alguns casos de ortodontia. Estes procedimentos devem ser feitos a partir do momento em que os processos de maturação e crescimento já iniciaram, por volta de 11 a 13 anos de idade.

Wennströn & Pini Prato (1997) alertam que as RG podem regredir espontaneamente em crianças, desde que haja um bom controle da higiene, reforçando assim a necessidade de se aguardar os processos de maturação e crescimento citados por Sauvan et al. (2002).

Alterações hormonais, anemias, doenças crônicas, estresse e perfil psicológico alterado, são condições clínicas que podem levar ao insucesso, portanto, devem ser pesquisadas durante a anamnese.

Para o tratamento das RG, existem diversas opções de cirurgias à escolha do cirurgião-dentista. Porém, esta escolha deve estar baseada nos seguintes princípios (MARCANTÔNIO Jr., 1997):
→ **Quantidade, qualidade e localização da faixa de tecido queratinizado remanescente:** o que pode ser básico para optar por cirurgias de retalho pediculado, enxerto de tecido conjuntivo ou enxerto gengival (queratinizado);
→ **Possibilidade de causar danos à área doadora vizinha:** induzir uma retração ou diminuição da profundidade de vestíbulo;
→ **Deiscência ou fenestração óssea:** o que fatalmente leva a uma RG em áreas vizinhas ou ainda dificulta a realização da cirurgia no dente envolvido, podendo levar à mudança no planejamento;
→ **Resultado estético final:** evitar o uso de enxertos gengivais na linha de sorriso;
→ **Custos:** cirurgias de custos mais baixos devem ser preferidas, desde que não afete o resultado final;
→ **Possibilidade de dor:** principalmente em pacientes com baixo limiar de dor;
→ **Complicações pós-operatórias:** ligado principalmente em pacientes debilitados ou com perfil psicológico alterado;
→ **Tabagismo:** pacientes com este vício tem menor sucesso nas terapias. É importante que estas pessoas sejam avisadas de seu prognóstico;
→ **Domínio da técnica:** facilidade de um profissional realizar uma técnica melhor que a outra.

Bouchard *et al.* (2003) citam quatro princípios cardinais para análise de uma técnica cirúrgica:
→ **Sucesso:** 75% estão ligados na seleção da técnica e 25% na destreza profissional;
→ **Reprodutibilidade:** técnicas cirurgias devem ser realizadas por outros profissionais;
→ **Ausência de morbidade:** cirurgias menos invasivas devem ser preferidas;
→ **Economia:** cirurgias de custos mais baixos.

Uma característica clínica muito importante para prognosticar uma terapêutica é a profundidade e a largura das RG, ou seja, retrações mais profundas e largas têm prognóstico mais reservado que as RG rasas e estreitas (MILLER Jr., 1985).

Henriques (2009) ainda acrescenta os seguintes princípios que devem ser observados antes da escolha da terapêutica para tratamento das RG. São eles:
→ **Extensão das recessões das margens gengivais;**
→ **Deformidades de rebordo alveolar:** o que pode prognosticar negativamente uma terapêutica;
→ **Perda de papilas interdental:** o que dificulta a nutrição;

- **Quantidade de tecido queratinizado presente:** o que induz a escolha da técnica mais adequada para a região;
- **Forma e espessura do palato:** para a remoção de enxertos, observando a distância da margem gengival à artéria palatina;
- **Quantidade de abertura da boca do paciente:** pouca abertura dificulta manobras cirúrgicas, principalmente a remoção de tecido no palato;
- **Posição do lábio:** para verificar a quantidade que se deve recobrir uma raiz desnuda;
- **Perfil psicológico do paciente.**

Deve-se ter cuidado com pacientes que solicitam cobertura radicular para retrações classe I de Miller (1985), pois a exigência estética para estas pessoas é considerada alta (BOUCHARD et al., 2003).

Batti et al. (2008) relacionam alguns aspectos que influenciam na previsibilidade das cirurgias plásticas periodontais, incluindo aí as cirurgias para recobrimento radicular, a saber:
- Hábitos e condições sistêmicas do paciente;
- Nível de perda de inserção periodontal;
- Biotipo periodontal;
- Posicionamento dos dentes no arco;
- Forma do arco;
- Tipo e severidade da perda óssea alveolar;
- Fracassos estéticos em implantes;
- Fracassos em próteses mal colocadas;
- Tamanho do espaço desdentado;
- Curva de aprendizado profissional: cuidado com as técnicas cirúrgicas;
- Habilidade e experiência do profissional: conhecimento de suas limitações e instrumental adequado;
- Comunicação com o paciente: motivação, colaboração, valores estéticos, expectativa, tempo de tratamento, disposição para submeter-se a mais de uma cirurgia para a solução do problema apresentado e limitações devem fazer parte de uma conversa franca e
- Cadeia asséptica.

O insucesso pode aparecer se não forem observadas as seguintes condições (HENRIQUES, 2003):
- O que propõe o prognóstico para a RG, segundo a classificação de Miller (1985);
- Falha no controle prévio da inflamação: não cooperação do paciente, raspagem e alisamento radicular inadequado;

→ Preparo impróprio da região receptora: que pode deixar áreas com dificuldade de nutrir o retalho pediculado ou o enxerto e pelo tamanho inadequado da papila interdental;
→ Preparo inadequado do tecido doador: tamanho, forma, espessura, desidratação (por deixá-lo fora do leito receptor por tempo exagerado), falha na estabilização (deve estar imóvel) e pressão excessiva ou prolongada sobre o enxerto, que não deve ultrapassar três minutos;
→ Adaptação ou sutura inadequada do enxerto: as suturas devem estar sem tensão, para não diminuir a nutrição do enxerto ou retalho;
→ Trauma no período de cicatrização;
→ Fumar dez ou mais cigarros por dia;
→ Alterações sistêmicas do paciente, como a diabetes não controlada;
→ Continuação de algum trauma oclusal.

Campos (2002) ainda relaciona os seguintes itens que podem levar ao insucesso:
→ Formação de coágulo entre o enxerto e o leito receptor, impedindo a nutrição;
→ Formação de exsudato purulento: infecção local ou necrose;
→ Enxerto muito espesso, inclusive com presença de tecido adiposo (o que pode acometer pacientes que têm o colesterol alto);
→ Leito receptor totalmente desnudo (em osso);
→ Deficiência de irrigação sanguínea;
→ Excesso de hormônios, principalmente esteroides;
→ Alterações nutricionais do paciente e
→ Anemias, doenças crônicas e estresse.

Ao examinar o biótipo periodontal, a qualidade e a quantidade de gengiva marginal que rodeia a RG, deve ser observado que se tivermos menos que 0,8 mm de espessura de tecido há poucas chances de cobertura radicular total (SALLUM, 2010).

Controle do biofilme dental

O controle do biofilme dental, que é o ponto crucial de qualquer terapia odontológica, em particular para o tratamento das RG, pode ser realizado antes ou depois da raspagem radicular, dependendo das circunstâncias encontradas, ou seja, pacientes com grande quantidade de cálculo e biofilme dental devem ser raspados antes do controle e da motivação da higiene.

O trauma tecidual e o biofilme dental são os fatores mais importantes nas etiologias das retrações gengivais e o profissional tem vital importância neste processo, educando corretamente o paciente com referência à técnica cirúrgica.

A técnica de higiene mais indicada para casos de indivíduos com RG é a de Stilmann Modificada (HENRIQUES, 2003), que produz menor trauma nos tecidos moles.

O uso de escovas bitufos cilíndricas, com movimentos circulares sem atingir a gengiva, é um método eficiente para a realização de uma higiene efetiva e sem traumas. Estas escovas são especialmente indicadas quando a RG é tamanha que a margem gengival fica fora da rota das escovas dentais comuns (BOSCO et al., 2010). Pode ser uma boa opção para a realização da higiene o uso de escovas dentais macias e com poucas cerdas, pois assim a chance de se traumatizar a gengiva marginal e, por conseguinte, induzir a uma RG é pequena. O ensinamento da técnica de higiene, motivação e controle de placa é indicado na sequência conforme Tabela 1.

Tabela 1. Sequência motivacional.

Sessão	Procedimento	Objetivo(s)
1ª	1) Pedir ao paciente para fazer sua higiene de maneira rotineira, com a escova de dentes que usa em casa	Verificar a técnica de higiene do paciente, identificando seus hábitos. Observar também o uso do fio dental
	2) Passar o corante e mostrar ao paciente	Identificar a placa bacteriana e motivá-lo à higiene, discutir a técnica usada e anotar o índice de placa residual
	3) Educá-lo para uma higiene correta e realizar profilaxia	Remoção de biofilme dental e cálculo e educação do paciente
2ª	1) Corar e verificar a eficiência da técnica indicada. Pedir ao paciente para higienizar e verificar se está conseguindo remover o biofilme dental	Conferir a motivação do paciente e corrigir a técnica, caso necessário. Verificar novo índice de placa e comparar com o resultado anterior
	2) Nova profilaxia	Remoção do biofilme dental

Assepsia

Um dos fatores que levam ao insucesso de qualquer terapia cirúrgica é a contaminação por patógenos, seja ela feita pré ou pós-operatória.

A fase de assepsia intra e extraoral auxilia no controle das infecções de modo pré-operatório, ou seja, de forma profilática.

Para assepsia intraoral, pode ser indicado o uso de Clorexedine a 0,12%, com bochechos por um minuto, antes do procedimento da anestesia, diminuindo assim as bactérias circulantes que possam contaminar a ferida cirúrgica.

A utilização de Povidine Degermante para assepsia extraoral (que deve ser feita em uma área delimitada pela metade mesial das bochechas dos lados esquerdo e direito, parte inferior do queixo e até a asa direita e esquerda do nariz) é o produto de primeira escolha. Porém, se o paciente tem alergia ao iodo, que é componente deste fármaco, pode ser utilizado a Clorexedine na concentração de 0,2%.

Esta assepsia extraoral deve ser feita esfregando gazes estéreis na pele, com bastante parcimônia e depois secando, também com gaze estéril, para evitar levar material de assepsia extraoral para a cavidade bucal. Os principais motivos deste procedimento é o de minimizar a contaminação da cirurgia com micro-organismos vindos da pele, nos momentos de instrumentação e suturas, pois as luvas e o fio podem passar sobre a pele, levando estes agentes infectantes até a cavidade oral.

Descontaminação radicular

Esta fase da cirurgia é considerada um dos pontos-chave para o sucesso do tratamento, pois se trata do preparo do leito receptor.

Os procedimentos realizados para a descontaminação radicular são as raspagens (procedimentos mecânicos) e a aplicação de medicamentos (tratamento químico), que, segundo Register & Burdick (1975), não provocam alterações pulpares.

Se a RG for estreita, causada por higiene traumatogênica, os procedimentos de raspagens são desnecessários, pode-se usar somente um polimento coronário como descontaminação mecânica (PINI PRATO et al., 1999).

Os instrumentos utilizados para raspagem são as curetas, o ultrassom ou os instrumentos rotatórios, com brocas diamantadas, brocas de trinta lâminas ou para polimentos, sob baixa rotação e com constante refrigeração, objetivando principalmente diminuir a convexidade radicular e a remoção de pequenas cáries, alisar o limite esmalte-cemento e ainda remover cemento contaminado (DUARTE (a), 2002 e ZUCCHELLI & SANCTIS, 2007).

É importante a realização de uma raspagem meticulosa, descontaminando mecanicamente toda a superfície radicular, tendo o devido cuidado para não deixar depressões nas raízes desnudas, para que não aconteça o acúmulo de sangue nas frestas e sua consequente coagulação, que dificultará a adesão do tecido conjuntivo sobre a raiz (CAMPOS, 2002).

Para cáries maiores, abrasões e abfrações, condição que, segundo Zucchelli et al. (2006) tem 50% de incidência sobre os casos na presença de RG, recomenda-se a utilização de restauração prévia ao recobrimento radicular com ionômero de vidro resinoso (DRAGOO, 1997), que tem a vantagem de reduzir a sensibilidade na raiz, pela ação do flúor, de um de seus componentes (SALLUM, 2010) ou resinas compostas de micropartículas ou nanopartículas (CONCEIÇÃO et al., 2000), que dão um polimento excelente, dificultando assim a colonização bacteriana. O retalho realizado quando se usa o ionômero de vidro resinoso ou resinas compostas deve recobrir todo o material restaurador (SANTAMARIA et al., 2007).

Segundo Sallum (2010), a maneira de se identificar a correta junção cemento-esmalte, que desaparece em casos de lesões cervicais não cariosas (abrasões e abfrações), é que geralmente elas têm a forma arqueada, segue o biotipo periodontal e a transição entre esmalte e raiz é suave, sem degrau.

O principal objetivo da escolha do ionômero de vidro se deve a sua biocompatibilidade, além de baixa concentração de plomerização e liebração de flúor na área. Segundo Santamaria et al. (2007), a realização de uma reconstrução da região com lesão cervical não cariosa se deve ao desaparecimento da junção cemento-esmalte, afetando tanto a coroa como a raiz, dificultando o diagnóstico do ângulo cavo superficial, que, após a realização desta restauração, há possibilidade de visualização desta parte anatômica. Os mesmos autores consideram que a expectativa de recobrimento radicular da parte coronária da lesão é baixa.

É de importância frisar que o recobrimento radicular não vai além da linha que separa o cemento do esmalte em lesões cervicais não cariosas. Portanto, o complemento de uma restauração nesta área, de preferência antes ou depois do procedimento cirúrgico, é bem indicado (RASPERINI et al., 2011).

A descontaminação química, também chamada de tratamento químico radicular ou condicionamento químico, é realizada após a raspagem ou polimento radicular e antes das incisões, para não contaminar a solução química usada, ou ainda neutralizar os processos de ação desejada sobre a superfície da raiz com sangue (HENRIQUES, 2003).

Tem como principais objetivos a remoção da camada de Smear Layer, resultante da raspagem (BOUCHARD et al., 2003), expor fibrilas conjuntivas de dentina ou cemento radicular, eliminar substâncias tóxicas de origem bacteriana ou salivar. Com isso, há o favorecimento da união de células do conjuntivo à superfície radicular, obtendo nova inserção (CHAMBRONE, 1998).

Algumas pesquisas relatam que, se não tratarmos quimicamente a superfície radicular, antes dos procedimentos de recobrimento da raiz desnuda, não há interferência no resultado final (KASHANI et al., 1984), mas sua biomodificação pode interferir favoravelmente na adesão do tecido sobre a raiz (WENNSTRÖM, 1996).

Aconselha-se, após a aplicação destes produtos, lavar toda a área com solução de soro fisiológico, com o objetivo de eliminar todo o produto químico e deixar a superfície livre de acidez, pois caso contrário haverá uma frequência maior de sensibilidade pós-operatória a quente e frio.

Outro fator primordial para se evitar sensibilidade pós-operatória é a aplicação do produto somente sobre o local que tem um excelente prognóstico para a cobertura da RG, pois a raiz residual que permanecer descoberta pode sofrer com uma sensibilidade exacerbada, pela descalcificação e abertura dos canalículos dentinários.

Os principais produtos químicos usados para tratamento radicular são a Tetraciclina Hidroclorada, Ácido Cítrico Anidro pH = 1 e o ácido etileno diamino tetra-acético, o EDTA. Estas substâncias, suas concentrações, aplicações e particularidades estão descritas na Tabela 2 (GOTTLOW et al., 1986; TROMBELLI et al., 1996; WENNSTÖM, 1996; BLOMLÖF et al., 1996 e DUARTE (a) et al., 2002).

Tabela 2. Principais substâncias para tratamento químico das raízes.

Substância	Concentração	Aplicação	Particularidades
Tetraciclina Hidroclorada	10 mg/ml	Quatro minutos esfregando bolinha de algodão sobre a superfície. Lavar	Efeito antimicrobiano e antigolagenase significativo
			Mudanças morfológicas na raiz
			Remove camada de Smear Layer
			Possui substantividade
Ácido Cítrico	pH = 1	Esfregando sobre a superfície radicular com bolinhas de algodão por três minutos	Remove camada de Smear Layer
			Elimina toxinas bacterianas
EDTA	pH neutro	Gel de carboximetilcelulose a 24%, por dois minutos	Remove camada de Smear Layer
			Elimina toxinas bacterianas

Ruben (1978) relata que a aplicação de outros fármacos, como o HCl a 0,5 N ou ácido fosfórico, além do ácido cítrico, pode aumentar a cementogênese durante a cicatrização da cirurgia para tratamento das RG.

A desmineralização da superfície radicular de pacientes fumantes é dificultada devido à ação do produtos provenientes do cigarro, que impregnam a raiz (MAGRI et al., 2011).

Cuidados na remoção dos enxertos na área do palato

Devido à exigência de incisões delicadas e firmes em cirurgias plásticas periodontais, as lâminas de bisturi mais indicadas são as lâminas 15C ou as microlâminas, estas mais usadas em microcirurgias, o que não impede seu uso em macrocirurgias.

Acidentes transoperatórios podem ocorrer, e um dos menos desejados em termos de técnica é a secção da artéria palatina.

Para que não ocorra este acidente neurovascular, temos que observar a profundidade do palato, para localização do plexo vasculonervoso (DUARTE (a) et al., 2002). Ele é classificado em raso (até 7 mm), médio (até 12 mm) e profundo (até 17 mm), para que possa ser guiada a profundidade da incisão para a remoção do enxerto (Figuras 5-A a 5-C). O ponto nas figuras representa o palato vasculonervoso.

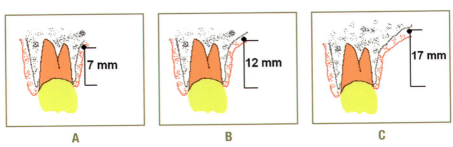

Figura 5. A) palato raso, B) palato médio, c) palato profundo.

Deve-se ter cuidado na remoção do tecido doador, que deve ser feita sem traumas, com bastante delicadeza e com menor tempo possível fora da área receptora, a fim de que não perca a nutrição do enxerto, provocando assim uma contração deste e impedindo uma boa cicatrização.

Para o recobrimento radicular, o enxerto deve ter uma espessura em torno de 1,0 mm, pois a revascularização nesta espessura é facilitada. Deve evitar levar tecido adiposo junto ao enxerto, o que pode dificultar a revascularização. Para isso, a melhor área para remoção dos enxertos é na região compreendida como distal de caninos superiores, a mesial do 1º molar (Figura 6).

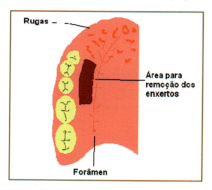

Figura 6. Regiões para a remoção dos enxertos.

A formação de coágulo sanguíneo entre o enxerto e o leito receptor deve ser evitada, pois pode, como consequência, impedir a boa circulação plasmática, que é a 1ª fase da cicatrização. Para que isso não ocorra, é prudente comprimir com uma gaze por cinco minutos sobre o tecido doador, a fim de que este coágulo seja removido (CAMPOS, 2002).

Para a remoção dos enxertos na região do palato, algumas técnicas podem ser empregadas, como:

1. Langer & Calagna (1980) recomendam que a 1,0 mm apical da margem gengival se faz uma incisão com bizel interno, e depois incisões verticais nas extremidades da 1ª incisão. Com isso podemos remover o tecido conjuntivo, dissecando-o ou com periótomo ou outro descolador (Figuras 7-A a 7-D);

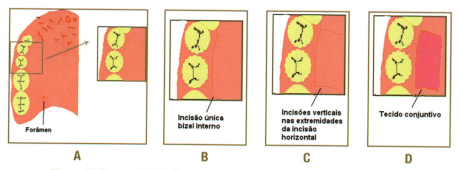

Figura 7. Figuras 7-B, 7-C e 7-D correspondem à ampliação da Figura 7-A.

2. Nelson (1987) descreve incisões paralelas à distância de 2,0 mm da margem gengival e remoção com dissecção ou com periótomo do conjuntivo (Figuras 8-A e 8-B);

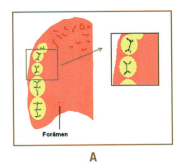 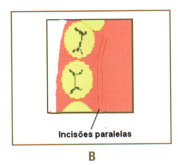

A   B

Figura 8. 8-B corresponde à ampliação da Figura 8-A.

3. São descritas por Raetzek (1985) duas incisões paralelas e distantes uma da outra em 2,0 mm e convergindo próximo ao osso (Figuras 9-A e 9-B e Figura 10-A, 10-B e 10-C) e

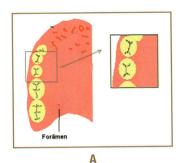 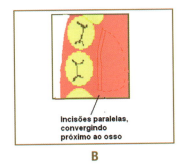

A   B

Figura 9. Figura 9-B corresponde à ampliação da Figura 10-A.

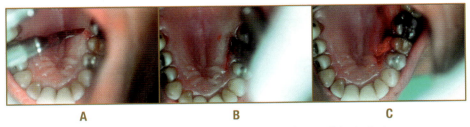

A   B   C

Figura 10. A) Primeira incisão perpendicular à superfície do dente.
B) Segunda incisão paralela à superfície do dente. C) Remoção do enxerto.

4. Harris (1992) preconiza o uso de bisturi de lâmina dupla (Figuras 11-A a 11-D);

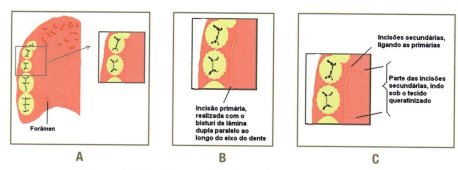

Figura 11. A) palato raso, B) palato médio, C) palato profundo.

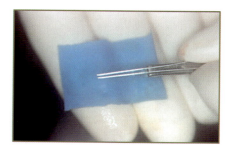

Figura 11-D. Bisturi de lâmina dupla.

5. Bruno (1994) descreve uma incisão perpendicular ao longo do eixo do dente, distante 2 a 3 mm da margem gengival. Segunda incisão, paralela ao longo do eixo do dente, de 1 a 2 mm de distância da 1ª incisão, até tocar o periósteo. Então, o tecido conjuntivo é removido com um descolador (Figuras 12-A e 12-B);

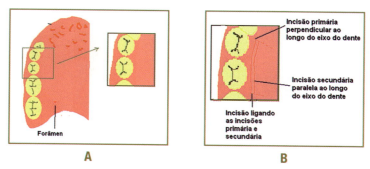

Figura 12. Figura B corresponde à ampliação da Figura A.

6. Lorenzana & Allen (2000) preconizam incisão única, distante de 2 a 3 mm da margem gengival e perpendicular ao palato até o osso. Depois, paralelamente ao palato, realiza-se outra incisão, através da parte interna da 1ª incisão, elevando o retalho e removendo o conjuntivo, com descoladores. Atenção para deixar mucosa ceratinizada suficiente no palato, para não haver necrose (Figuras 13-A, 13-B e 13-C).

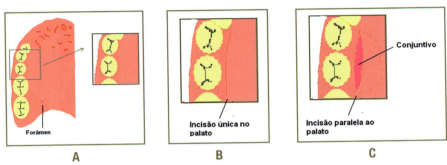

Figura 13. Figuras B e C correspondem à ampliação da Figura A.

Suturas

Técnicas de suturas são empregadas para a obtenção de uma boa adaptação do retalho, do enxerto sobre a superfície radicular ou ainda, no palato, a fim de obter a cicatrização de primeira intenção. Elas podem ser do tipo colchoneiro, suspensório, contínuo, simples e várias outras à disposição do cirurgião.

É neste momento em que se tem a oportunidade de manter a área operada imóvel, sem pressão e ausente de isquemia, a fim de que se evite a falta de nutrição, acarretando em necrose, o que é evitado deixando-se as suturas com a mínima tensão.

Uma boa manobra para verificar se a sutura está bem adaptada e não provoca isquemia na região enxertada ou com o retalho deslocado, é o tracionamento do lábio com o dedo polegar e indicador, enluvados, verificando se o retalho se movimenta e não ocorrem aberturas.

Os fios de suturas mais utilizados são: Nylon e Sêda 5.0, Nylon 6.0 (podendo ser de material absorvível) e 8.0 absorvíveis, em caso de microcirurgias.

Os fios de Sêda e Nylon não impedem um revestimento parcial de epitélio após três dias, e total, após sete dias, no orifício produzido pela passagem dos fios, porém eles provocam reação inflamatória mais intensa, se comparados com a Poliglactina 910 (Vycril) (SAMPAIO et al., 1993).

Segundo Nihi *et al.* (2004), se comparamos os fios Monocryl e Vycril, eles se equiparam às reações teciduais e qualidade das suturas.

Em comparação aos fios de Categut e Vycril, houve uma reação inflamatória mais intensa nos fios de Categut, agindo como corpo estranho, com intensa fagocitose. Uma maior precocidade de reparação tecidual e reabsorção foi encontrada nos fios de Vycril (WEISMANN & BRITO, 1993).

Na categoria de fios não absorvíveis, o de melhor escolha são os fios de Nylon, devido ao seu baixo coeficiente de atrito e menor capilaridade, impedindo a adesão de bactérias, apesar de provocar maior incômodo ao paciente, podendo inclusive formar aftas de origem traumática.

Devido à capacidade de permitir uma boa nutrição dos retalhos, o fio 6.0, absorvível ou não, é mais usado em cirurgias para o recobrimento das RG.

Cimento Cirúrgico

A adaptação do cimento cirúrgico tornou-se uma conduta controversa, tendo em vista que sob este material forma uma grande quantidade de placa bacteriana, que interfere no processo cicatricial (DUARTE (b) *et al.*, 2002).

A complexa estrutura que se forma sob o cimento cirúrgico, constituído de células epiteliais e bactérias, provoca um aumento no nível de inflamação, o que pode resultar em danos à cicatrização, trazendo à tona a discussão sobre a vantagem de colocar o cimento cirúrgico.

O uso deste material é indicado somente quando o paciente está inseguro ou com dificuldades para passar pelo período de cicatrização, evitando traumas na área operada, pois sua adaptação pode aumentar o desconforto e haver o aumento de halitose (JONES & CASSINGHAM, 1979).

Pós-operatório

O conhecimento do pós-operatório facilita o discernimento do que pode estar errado ou dentro da normalidade da fase de cicatrização.

A maior preocupação no pós-operatório é a dor, que normalmente está relacionada a cirurgias extensas e complexas, com manipulação demorada e traumática dos tecidos.

O edema é condição frequente em cirurgias, sem significado clínico importante. Uma boa manobra para minimizar este processo seria a aplicação tópica de gelo, mas segundo Duarte (a) *et al.* (2002), isto provocaria uma diminuição da irrigação sanguínea, impedindo uma cicatrização favorável.

Pressão digital exacerbada nas bochechas pode levar a uma condição de edema e aspecto estético desfavorável, com coloração arroxeada, compatível com trauma.

Bochechos vigorosos e alimentos rígidos devem ser evitados para não induzir a trauma na área operada.

Quanto à ocorrência de abscessos nas áreas de suturas, eles podem ser provocados por fios pontiagudos (normalmente os de Nylon), tecido epitelial implantado sob o retalho ou o próprio uso de fios absorvíveis.

Sangramento de pequeno porte pode acontecer e é comum nas primeiras horas. Recomenda-se ao paciente que, se acontecer hemorragia intensa, com sangramento arterial ou mesmo venoso significante, deve-se ir ao consultório a fim de ser examinado.

Referências bibliográficas

ANDIA, D. C. *et al*. Impacto do consumo de cigarros no recobrimento radicular utilizando-se a técnica de enxerto de tecido conjuntivo. Estudo clínico em humanos. *Rev. Periodontia*. Ed. especial 2003. 18(3): 37.

BATTI, G. B. *et al*. Técnica modificada de túnel com enxerto de tecido conjuntivo. *PerioNews*. 2008. 2(1): 51-56.

BOSCO, A. F. *et al*. Estética em Periodontia: Cirurgia plástica periodontal. *In*: SALLUM, A. W. *et al*. *Periodontologia e Implantodontia. Soluções Estéticas e Recursos Clínicos*. São Paulo: Ed. Napoleão, 2010.

BOUCHARD, P. *et al*. Tomando decisão em estética: revisão de recobrimento radicular. *Periodontol 2000*. 2003. 2(27): 97-120.

BLOMLÖF, J. *et al*. Root surface etching at neutral pH promotes periodontal healing. *J. Clin. Periodontol*. 1996. 23: 50-55.

BRUNO, J. F. Connective tissue graft technique assuring wide root coverage. *Int. J. Periodont. Rest. Dent*. 1994. 14(2): 127-137.

CAMPOS, G. V. *Curso de Cirurgia Plástica Periodontal e Introdução a Microcirurgia Plástica Periodontal*. Associação Paulista de Cirurgiões-Dentistas. Agosto a dezembro de 2002.

_____. A Periodontia em sintonia da estética dental. *In*: NERY, C. F. A Periodontia em sintonia com a estética dental. *Rev. Assoc. Paul. Cirurg. Dent.* 2009. 3(3): 178-184.

CHAMBRONE, L. A. Aspectos histopatológicos do tratamento de retrações gengivais localizadas com retalho deslocado e associado ao uso de ácido cítrico. *Rev. Periodontia*. 1998. 7(2): 61-65.

CONCEIÇÃO, E. M. *et al*. *Dentística: Saúde e Estética*. Porto Alegre: Artmed, 2000.

DE TRAY, E.; BERNIMOULIN, J. Influence of free gingival grafts on the health of the marginal gingival. *J. Clin. Periodontol*. 1980. 7: 381-393.

DRAGOO, M. R. Resin-ionomer and hybrid-ionomer cements: Part II, human clinical and histologic wound healing responses in specific periodontal lesions. *Int. J. Periodontcs. Rest. Dent.* 1997. 17: 75-87.

DUARTE, C. A. *et al*. Cirurgia Mucogengival. *In*: DUARTE, C. A. *Cirurgia Periodontal Pré-protética e Estética*. São Paulo: Ed. Santos, 2002.

_____. Procedimentos Ressectivos. *In*: DUARTE, C. A. *Cirurgia Periodontal Pré-protética e Estética*. São Paulo: Ed. Santos, 2002.

EGELBERG, J. *Recent clinical research on periodontal therapy. Comments and Synopses*. Programa Geral e Anais. p. 49. XVII Congresso da Sociedade Brasileira de Periodontologia. XXIII Reunião dos Professores de Periodontia. 9 a 12 de abril de 1997. Vitória, 1997.

GUIMARÃES, G. M.; AGUIAR, E. G. Prevalence and type of gingival recession in adults in the city of Divinóplis, MG, Brasil. *Braz. J. Oral Sci*. Jul./set. 2012. 11(3): 357-361.

GOTTLOW, J. *et al*. Treatment of localized gingival recessions with coronally displaced flaps and citric acid. An experimental study in dog. *J. Clin. Periodontol*. 1986. 13: 57-63.

HARRIS, R. J. The connective tissue and partial tickness double pedicle graft: a predoctable method obtaining root coverage. *J. Periodontol*. 1992. 63(5): 477-486.

HENRIQUES, P. S. G. Terapia de Recobrimento Radicular. *In*: HENRIQUES, P. G. *Estética em Periodontia e Cirurgia Plástica Periodontal*. 3ª ed. São Paulo: Ed. Santos, 2003.

_____. A Periodontia em sintonia com a estética dental. *In*: NERY, C. F. A Periodontia em sintonia com a estética dental. *Rev. Assoc. Paul. Cirug. Dent.* 2009. 3(3): 178-184.

JONES, T. M.; CASSINGHAM, R. J. Comparision of heailing following periodontal surgery with and without dressings in humans. *J. Periodontol*. 1979. 50: 387-393.

KASHANI, H. G. *et al*. The effect of root planing and citric acud applications on flap healing in humans. *J. Periodontol*. 1984. 55: p. 679.

LANGER, B.; CALAGNA, L. The subepithelial connective tissue graft. *J. Prosthet. Dent*. 1980. 44(4): 363-367.

LIÉBERT, M. F. *et al*. Smile line and periodontium visibility. *Perio. Pract. Today*. 2004. 1(1): 17-25.

LORENZANA, E. R.; ALLEN, E. P. The Single-incision palatal harvest technique: a strategy for esthetic and patient comfort. *Int. J. Rest. Dent*. 2000. 20(3): 297-305.

MAGRI, L. V.; CAVASSIM, R.; SAMPAIO, J. E. C. Adesão de células sanguíneas em raízes biomodificadas de pacientes fumantes. *PerioNews*. 2011. 5(2): 158-166.

MARINI, M. G. *Investigação epidemiológica da ocorrência de recessões gengivais nos pacientes da faculdade de odontologia de Bauru – USP*. Dissertação de Mestrado. Bauru: Universidade de São Paulo, 2003.

MARCANTÔNIO Jr. *Tratamento de recessões gengivais escolha entre enxertos gengivais e RTG*. Programa Geral e Anais. p. 49. XVII Congresso da Sociedade Brasileira de Periodontologia. XXIII Reunião dos Professores de Periodontia. 9 a 12 de abril de 1997. Vitória, 1997.

MILLER Jr., P. D. Root coverage using the free soft tissue autograft following citric. acid application III. A successful and predictable procedure in areas of deep wide recession. *Int. J. Periodontal. Rest. Dent*. 1985. 2(5): 15-37.

MONNET-CORTI, V.; BORGHETTI, A. Cuidados Pós-operatórios, Cicatrização, Complicações e Insucessos em Cirurgia Plástica Periodontal. *In*: BORGHETTI, A.; MONNET-CORTI, V. *Cirurgia Plástica Periodontal*. Porto Alegre: Artmed, 2002.

NELSON, S. W. The subpecicle connective tissue graft. *J. Periodontol*. 1987. 58(2): 95-102.

NIHI. E, K. *et al*. Estudo experimental comparativo da cicatrização das suturas em cornos uterinos de canis familiaris, utilizando os fios de poliglactina 910 e poligrecapone 25. *Rev. Med. Paraná*. 2004. 62(2): 37-40.

PINI PRATO, G. P. *et al*. Coronally advanced flap procedure for root coverage. treatment of root surface: root planing versus polishing. *J. Periodontol*. 1999. 70: 1064-1076.

RAETZEK, P. B. Covering localized areas of root exposure employing the "envelope" technique. *J. Periodontol*. 1985. 56(7): 397-402.

RASPERINI, G.; ACUNZO, R.; LIMIROLI, E. Decision making in gingival recession treatment scientific evidence and clinical experience. *Clin. Adv. Periodontics*. 2011. 1(1): 41-52.

REGISTER, A. A.; BURDICK, A. Accelerated reattachment with cementogenesis to dentin, desmineralized "in situ", I. optimum range. *J. Periodontol.* 1975. 46: 646-655.

RUBEN, M. P. Significande of root surface prepartion in periodontal therapy. *Quintessence.* 1978. 46: 646-655.

SALLUM, E. A. Recessão gengival. Programa de dicas clínicas via internet das revistas ImplantNews e PerioNews. *VMCOM.* directpresenter.com.br. Acesso em: 02/02/2011.

SAMPAIO, J. E. C. *et al.* Avaliação histopatológica da resposta tecidual da mucosa mastigatória humana frente a diferentes fios de sutura. *Rev. Odontol. UNESP* 1993. 22(1): 97-105.

SANTAMARIA, M. P. *et al.* Recobrimento radicular sobre raiz restaurada. Relato de caso. *PerioNews.* 2007. 1(3): 225-228.

SAUVAN, J. L. *et al.* Indicações e Especifidades da Cirurgia Plástica Periodontal na Criança e Adolescentes. *In*: BORGHETTI, A.; MONNET-CORTI, V. *Cirurgia Plástica Periodontal.* Porto Alegre: Artmed, 2002.

SILVA, S. R. Odontologia estética. *Rev. Assoc. Paul. Cirurg. Dent.* 2004. 58(2): 87-96.

TANNER, A. C. R. *et al.* Clinical and older risck indicators early periodontics in Adults. *J. Periodontol.* 2005. 76(4): 573-581.

TROMBELLI, L. *et al.* Fibrin glue application in conjunction with tetracycline root condiotioning and coronally positioned flap procedure in treatment in human gingival recession defects. *J. Clin. Periodontol.* 1996. 23: 861-867.

WEISMANN, R.; BRITO, J. H. M. Resposta tecidual frente a diferentes fios de suturas implantados na língua de ratos. *Rev. Odonto. Cienc.* 1993. 8(16): 19-31.

WENNSTRÖN, J. L. Mucogingival therapy. *Ann. Periodontol.* 1996. 1: 671-701

WENNSTRÖN, J. L.; PINI PRATO, G. P. Terapia Mucogengival. *In*: LINDHE, J. *Tratado de Periodontia Clínica e Implantologia Oral.* 3ª ed. Rio de Janeiro: Guanabara Koogan. 1997.

ZUCCHELLI, G. *et al.* Clinical and anatomical factors limiting treatment outcomes of gingival recessions: a new method to predetermine the line of root coverege. *J. Periodontol.* 2006. 77: 714-721.

ZUCCHELLI, G.; SANCTIS, M. Treatment of multiple recession-type defects in patients with esthetic demands. *J. Periodontol.* 2007. 71(9): 1506-1514.

Capítulo 7

TRATAMENTOS DAS RETRAÇÕES GENGIVAIS

RIBEIRO, M. M.
GUIMARÃES, G. M.

Retalhos pediculados

GUIMARÃES, G. M.

Os retalhos pediculados são procedimentos cirúrgicos que podem ser utilizados para tratamento das RG, com a principal característica de não serem removidos de seu local de origem e com a vantagem de produzirem uma estética favorável, de fácil execução, nutrição adequada e de menor custo para o paciente.

Porém, para um bom resultado, deve ser observado se existe uma quantidade favorável de tecido doador adjacente à RG e se elas não são muito grandes, aumentando a superfície de contato de área avascular sob o retalho pediculado.

As cirurgias usadas, classificadas como retalhos pediculados, são o Deslize Lateral do Retalho, Retalho de Dupla Papila, Deslize Coronal do Retalho e Retalho Semilunar.

Deslize Lateral do Retalho (DLR)

A cirurgia de DLR foi introduzida por GRUPE & WARREN (1956), e também pode receber as denominações de Reposição Lateral do Retalho, Deslocamento Lateral do Retalho e Retalho Reposicionado Lateralmente. É caracterizada por ser um procedimento de boa qualidade de resultado estético, porém, deve ter indicações precisas.

Segundo Cafesse & Guinard (1980), Duarte *et al.* (2002) e Alves *et al.* (2007), possuem as seguintes contraindicações:

→ Tratamento de RG múltiplas;
→ Vestíbulo raso, pois podem tracionar as fibras deste local anatômico e com isso levar ao insucesso;
→ Má higiene bucal;
→ Dimensões inadequadas de gengiva lateralmente à RG, que deve ter uma quantidade adequada de tecido doador, evitando a formação de uma desnudação radicular nesta área, ou devido à possível presença de deiscência ou fenestração óssea na área doadora;

→ Retrações muito largas ou proeminência radicular, o que pode dificultar a nutrição do pedículo que ficará sobre a raiz.

Borghetti & Monnet-Corti (a) (2002) indicam para o DLR um retalho de espessura parcial em regiões doadoras espessas, embora o risco de retrações nestas regiões não esteja descartado.

O DLR não deve ser empregado em bolsas periodontais interproximais e em regiões de excessos de proeminência radicular e abrasões cervicais acentuadas (BOSCO et al., 2010).

Pode ser indicada a espessura total do retalho, mas com a exposição do osso na região doadora poderá ser induzida a reabsorção óssea (WENNSTRÖN & PINI PRATO, 1997).

O DLR, segundo Borghetti & Monnet-Corti (a) (2002), possui as seguintes vantagens e desvantagens conforme Tabela 1.

Tabela 1. Vantagens e desvantagens do DLR.

Vantagens	Desvantagens
Recobrimento em torno de 60 a 70% da RG inicial	Recobrimento radicular incerto
Excelente aspecto estético, pois traz tecido doador lateralmente à RG	Intervenção delicada
Obtenção de boa altura de tecido queratinizado	Não age sobre RG múltiplas
Pouca ou nenhuma dor pós-operatória, devido à presença de somente um sítio operado	Risco de RG ou surgimento de deiscência no sítio doador. Na presença de freio de inserção alterada ou vestíbulo raso, a chance de insucesso pode aumentar
Boa vascularização do tecido deslocado, graças ao pedículo	Necessidade de um sítio doador com quantidade e qualidade de tecido queratinizado

Chambrone et al. (1998) demonstraram que a gengiva dos dentes doadores pode sofrer retrações, perda de inserção clínica e faixa de gengiva inserida, que podem ser minimizados se a técnica cirúrgica correta for realizada. Os mesmos autores preconizam que se deve deixar uma pequena faixa de gengiva marginal ao redor do dente doador, para evitar uma RG nesta área.

A cicatrização é composta de 50% de epitélio juncional longo e os outros 50% por inserção conjuntiva, o que acontece após três meses, por células vindas do ligamento periodontal apical à retração (WILDERMANN & WENTZ, 2002).

O resultado dos DLR pode ser verificado após o primeiro mês (BORGHETTI & MONNET-CORTI (a), 2002) e parece melhorar ainda mais com o passar do tempo.

Existe uma contração do DLR de 5 a 10%. Para isso, Alves *et al.* (2007) preconizam a adaptação do retalho acima da junção mucogengival, para minimizar este processo, mas, após seis meses, este retalho fatalmente ainda sofrerá leve contração.

Zucchelli (b) *et al.* (2010) preconizam uma mudança no desenho do retalho, em que na porção de gengiva queratinizada contrária à região que vai doar tecido para a RG sofra um desnudamento em torno de 2,0 mm, deixando tecido conjuntivo exposto, para que ocorra a nutrição do retalho. Exemplificando: se a RG estiver em um incisivo lateral superior e a porção doadora for de canino a pré-molar, na porção mesial de gengiva do incisivo lateral sofre uma escarificação deixando tecido conjuntivo exposto, pois o retalho deslocado da região distal da RG será colocado sobre esta região sem o epitélio.

Técnica Cirúrgica do Deslize Lateral do Retalho

1. Anestesia lenta no fundo do vestíbulo das regiões doadoras e receptoras. Anestesia nas papilas da área receptora também é indicada;
2. Raspagem meticulosa, com posterior tratamento químico da raiz;
3. Lavagem abundante com soro fisiológico;
4. Incisões nas bordas da retração, eliminando uma pequena faixa de gengiva queratinizada que margeia a RG, com o objetivo de posterior contato de tecido conjuntivo de uma face a outra da RG. O desenho desta incisão é feito para facilitar a adaptação passiva dos dois bordos;
5. Incisões na área doadora, dividindo o retalho, para facilitar o deslocamento deste sobre a retração. Estas incisões devem ser feitas levando até a distal ou mesial do dente vizinho (dependendo de qual será o doador), deixando um colarinho de gengiva marginal no dente doador, que deve ter uma quantidade suficiente de gengiva queratinizada. Deve também ser levada até a mucosa alveolar, que por possuir fibras elásticas permitem o correto deslocamento lateral e coronal do retalho (Figuras 1 e 2) na próxima página;

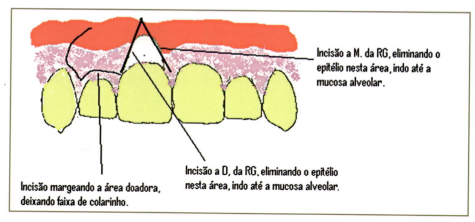

Figura 1. Incisões do deslize lateral do retalho.

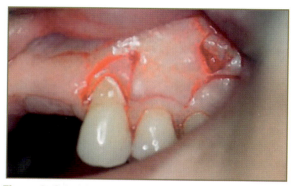

Figura 2. Colarinho deixado na região do 2.2 e remoção do tecido na região V. do 2.3, local da RG que vai ser coberta.

6. Suturas com fio 6.0 de Nylon (Figuras 3 e 4), após deslocamento do retalho sobre a RG, unindo a face mesial com a distal.

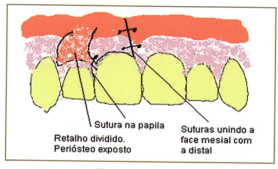

Figura 3. Suturas.

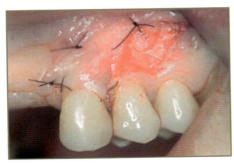

Figura 4. Suturas fio 6.0 de Nylon, com retalho sem tensões.

Casos clínicos

Caso clínico 1

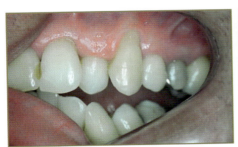

Figura 5. RG classe II de Miller no elemento 2.3. Há boa quantidade de gengiva inserida V. do 2.2 devido ao seu deslocamento palatal, que pode ser área doadora.

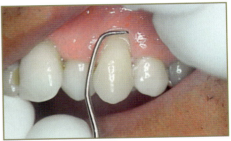

Figura 6. Raspagem no elemento 2.3.

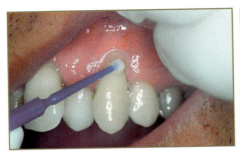

Figura 7. Aplicação de ácido cítrico por 3 minutos.

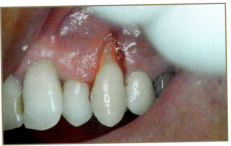

Figura 8. Remoção do tecido epitelial das margens da RG.

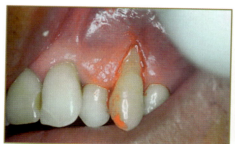

Figura 9. Aspecto após a remoção do epitélio em torno da RG.

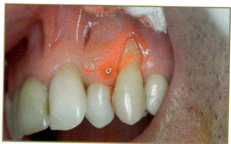

Figura 10. Incisão horizontal e vertical, preservando a faixa de gengiva na vestibular do elemento 2.2.

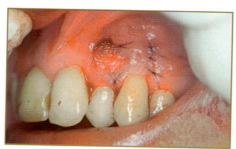

Figura 11. Suturas com fio 6.0. Foi deixado 1.0 mm de raiz exposta no elemento 2.2, com o objetivo de deixá-lo do tamanho compatível do elemento 2.1, obedecendo a compatibilidade de dimensões entre estes dentes.

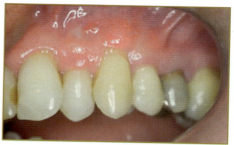

Figura 12. Resultado 60 dias após a terapia. O paciente foi encaminhado para a ortodontia.

Caso clínico 2

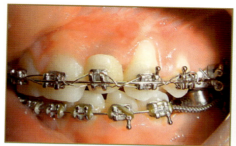

Figura 13. Retração gengival na região de canino superior esquerdo, que foi tracionado cirurgicamente. O elemento 2.2 está com um implante instalado.

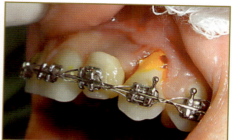

Figura 14. Após minuciosa raspagem, foi realizada a aplicação de Tetraciclina Hidroclorada por quatro minutos.

Tratamentos das retrações gengivais

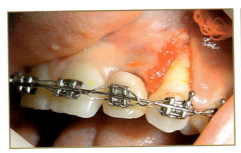

Figura 15. Remoção de pequena faixa de epitélio a distal do 2.3 e a mesial, uma remoção mais acentuada do epitélio, deixando uma faixa maior de tecido conjuntivo exposto, para que o retalho deslizado repouse sobre esta área.

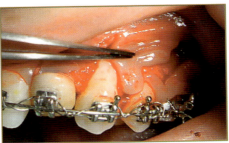

Figura 16. Após divisão do retalho da região doadora da área correspondente ao elemento 2.4, teste a passividade do retalho, que deve estar sem tensões.

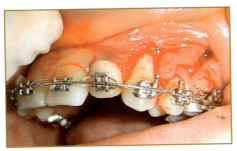

Figura 17. Observe retalho sem tensões e colarinho deixado na região cervical do 2.4.

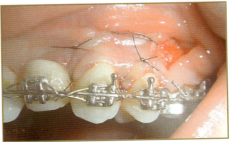

Figura 18. Suturas sem tensões.

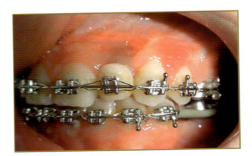

Figura 19. Resultado após noventa dias.

Retalho de Dupla Papila (RDP)

O retalho de dupla papila (RDP), ou ainda o deslize de dupla papila, é uma cirurgia originalmente proposta por Cohen & Ross (1968), que tem como ponto crítico ter as suturas para a adaptação dos retalhos mesial e distal sobre a raiz desnuda, em região avascular, podendo formar áreas com lacunas, o que pode impedir uma boa cicatrização dos retalhos (GOLDMANN et al., 1991). Por isso, deve ser verificado o tamanho e o formato da RG, antes da indicação desta cirurgia.

Um princípio básico para a realização desta cirurgia é a presença adequada de papilas e a quantidade de tecido queratinizado no espaço interdentário (Figura 20). É importante também que a profundidade de vestíbulo esteja favorável para permitir o deslocamento e a reposição do retalho sobre a raiz desnuda.

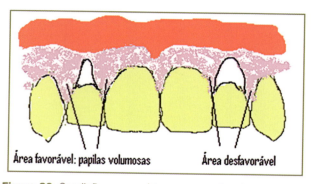

Figura 20. Condições necessárias para a realização da cirurgia.

São indicadas para RG unitárias, classes I ou II de Miller (1985), com a vantagem de deixar pouco tecido exposto na área doadora (GOLDMAN et al., 1991), porém, com resultados de baixo prognóstico.

Devido ao baixo índice de sucesso para recobrimento das RG dos retalhos de dupla papila, acreditamos que se justifica o seu conhecimento para o uso concomitante com o enxerto de tecido conjuntivo subepitelial, não sendo, portanto, indicada isoladamente.

Técnica cirúrgica

1. Observar todos os aspectos comuns das cirurgias para recobrimento radicular;
2. Anestesia no fundo do vestíbulo;
3. Raspagem radicular e tratamento químico da raiz;

4. Irrigação abundante da raiz tratada quimicamente, com solução de soro fisiológico;
5. A primeira incisão é feita margeando a RG mesial e distal, unindo-as na região apical da retração (deixando o tecido conjuntivo exposto), que posteriormente serão unidos em suturas. Após esta manobra, incisões horizontais mesial e distal da retração em nível coronal, próximas à junção cemento-esmalte, são realizadas como segunda incisão, observando para não incluir a gengiva marginal dos dentes vizinhos. A terceira incisão, chamadas de verticais, unem a borda mesial e a distal da segunda incisão em sentido apical, até a mucosa alveolar (Figura 21);

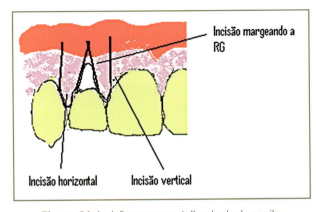

Figura 21. Incisões para o retalho de dupla papila.

6. Testar a tensão do retalho. Se ocorrer, com uma lâmina de bisturi nova, libera as fibras da mucosa alveolar vestibular, que prendem este retalho e
7. Suturas com fio 6.0 unindo as duas papilas e suspensório mantendo o retalho sobre o vestibular do elemento (Figura 22).

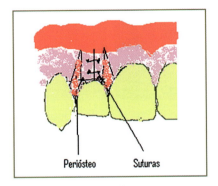

Figura 22. Suturas.

Caso clínico

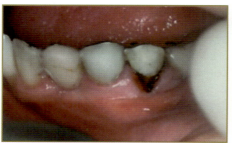

Figura 23. RG na raiz do elemento 3.5, escurecida e com 3,0 mm.

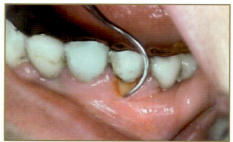

Figura 24. Raspagem meticulosa.

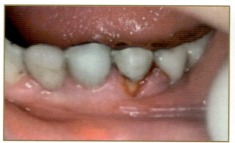

Figura 25. Condição clínica após raspagem.

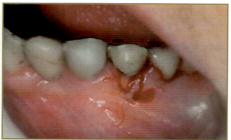

Figura 26. Incisão removendo o tecido epitelial a distal da lesão, margeando esta.

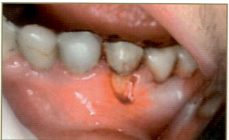

Figura 27. Após a remoção dos tecidos epiteliais mesial e distal ao lado da RG.

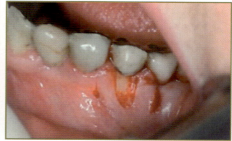

Figura 28. Incisões horizontais e verticais, na região das papilas, indo até a distal do 3.4 e a mesial do 3.6.

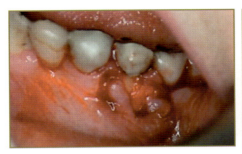 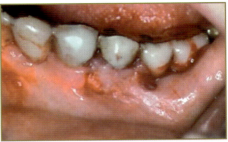

Figura 29. Após divisão do retalho nas papilas e sua consequente liberação.

Figura 30. Após suturas das papilas mesial com a distal e sua reposição sobre a RG.

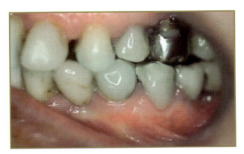

Figura 31. Resultado após 90 dias, com uma resina de micropartícula, realizada em 1,0 mm da RG remanescente.

Deslize Coronal do Retalho (DCR)

O deslize coronal do retalho (DCR) também pode ser denominado como reposição coronal do retalho, posicionamento coronal do retalho ou retalho reposicionado coronalmente. Esta cirurgia com 98% de sucesso e 84% de cobertura radicular total (HARRIS & HARRIS (a), 1994) foi inicialmente proposta por Noberg (1926), sendo, portanto, uma das técnicas cirúrgicas mais antigas, que futuramente faria parte da cirurgia plástica periodontal.

É indicada para retrações unitárias ou múltiplas, com a exigência de ter pelo menos 2,0 mm de tecido queratinizado apical a RG e não tenha vestíbulo raso.

Segundo Nemcovsky (2004), o DCR, quando comparada com enxerto de tecido conjuntivo, é uma técnica simples e efetiva, com baixa morbidade.

Um bom resultado será conseguido se obedecer a um traçado de incisão que respeite a realização de um pedículo adequado para a obtenção de uma efetiva irrigação, um relaxamento favorável do retalho, para sua posterior reposição coronal de forma passiva e uma boa desepitelização das papilas que vão receber o retalho reposicionado coronalmente, o que permite uma boa irrigação (BORGHETTI & MONNET-CORTI (b), 2002).

Para esta cirurgia, podem ser usados tanto retalhos totais como parciais. Porém, Pfeifer & Hellder (1971) e Zuchelli (2007) relatam que melhores resultados são obtidos com retalhos totais, o que corrobora com Melcher & Accursi (1971), que encontraram um potencial osteogênico quando uma fina camada de periósteo é levada sobre a raiz desnuda através de um retalho total. A técnica consiste em um retalho total até a linha mucogengengival, se possível reservado a região vestibular de RG e a partir daí uma divisão do retalho, para auxílio em seu reposicionamento a coronal.

Durante a cicatrização do DCR, pode haver um aumento na altura do tecido gengival, devido à formação de tecido de granulação vindo do ligamento periodontal, que por sua vez se transforma em tecido conjuntivo, que vai induzir à ceratinização do epitélio de proteção (KARRING et al., 1971).

A cicatrização do DCR é feita à base de formação de epitélio juncional longo, novo osso, cemento e ligamento periodontal, este conjunto formado mais apical a raiz coberta (CORTELLINI et al., 1991).

Com referência à posição da linha mucogengival após a reposição coronal do retalho, ela tende a voltar a sua posição geneticamente definida (AINAMO et al., 1992).

Se não tiver uma quantidade de gengiva inserida suficiente apical à RG, a cobertura radicular tem que ser realizada em duas etapas, usando a técnica proposta por Bernimoulin et al. (1975). Esta técnica preconiza uma adaptação prévia de tecido queratinizado apical à RG e, após sua cicatrização, sua posterior reposição coronal sobre a raiz desnuda. Porém, ela não deve ser usada em áreas onde a estética é primordial, pois pode haver diferença de coloração do retalho, se comparado às regiões adjacentes.

O DCR, quando associado à adaptação de proteína morfogenética derivada do esmalte, tem o mesmo êxito no recobrimento radicular final, exceto pelo fato de haver uma formação de tecido conjuntivo, quando usado sem a referida proteína (RIBEIRO et al., 2003).

Técnica cirúrgica

1. Obedecer aos princípios básicos das cirurgias plásticas periodontais;
2. Anestesia no fundo do vestíbulo e, caso necessário, nas papilas mesial e distal da RG;
3. Raspagem radicular e tratamento químico da raiz;
4. Incisões horizontais tomando como referência a região da junção cemento / esmalte, desenhando a papila ou reta até próximo a mesial e distal dos dentes

adjacentes à RG. Após esta primeira incisão, devem ser realizadas incisões verticais indo até a mucosa alveolar ou somente incisões horizontais, indo intrassulcular envolvendo os dentes vizinhos (Figuras 32-A e 32-B).

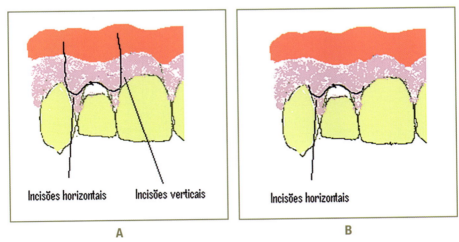

Figura 32. Incisões do deslize coronal do retalho. A) Envolvendo incisões horizontais e verticais. B) Indo de distal de canino a mesial do incisivo central.

5. Desepitelização das papilas mesial e distal à RG (Figura 33);

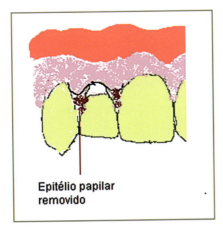

Figura 33. Epitélio papilar removido.

6. Reposição coronal do retalho e suturas com fio 6.0 absorvíveis ou não.

Casos clínicos

Caso clínico 1

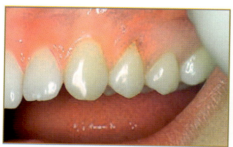

Figura 34. Retração classe I de Miller do elemento 2.4.

Figura 35. Raspagem sendo realizada.

Figura 36. Aplicação de Tetraciclina Hidroclorada.

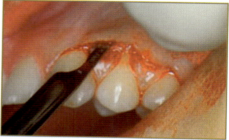

Figura 37. Incisões horizontais, indo de mesial do elemento 2.3, passando por vestibular do elemento 2.4 e terminando a distal do elemento 2.5. O retalho realizado é do tipo dividido, para facilitar sua posterior reposição coronal.

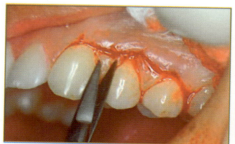

Figura 38. Com uma tesoura Castro-Viejo, remove-se o epitélio das papilas mesial e distal do elemento 2.4.

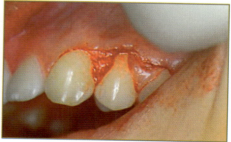

Figura 39. Aspecto da papila entre o 2.3 e 2.4 removida.

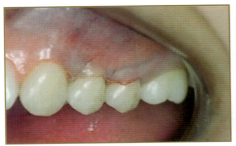

Figura 40. Após reposição coronal, suturas fio 6.0 Vycril.

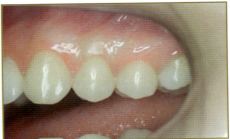

Figura 41. Aspecto do elemento 2.4, após 90 dias de controle.

Caso clínico 2

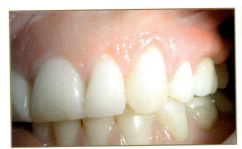

Figura 42. Retrações classe I de Miller dos elementos 2.2 e 2.3. Observe a quantidade favorável de gengiva inserida apical às retrações.

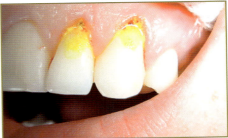

Figura 43. Após raspagem, aplicação de Tetraciclina Hidroclorada por 4 minutos.

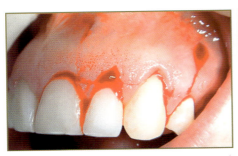

Figura 44. Incisões horizontais e intrassulculares, presevando as papilas de M. e D. do 2.3 e do 2.2. Incisões verticais são então realizadas, nos extremos da incisão horizontal.

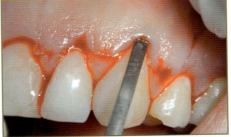

Figura 45. Com um periótomo, desloque um retalho total a vestibular do 2.2 e 2.3, com o objetivo de levar perióteo sobre a raiz desnuda. No restante dos retalhos incisados, deve ser feito da maneira dividida.

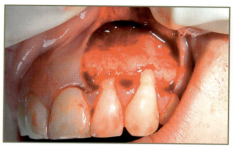
Figura 46. Retalho total a vestibular dos dentes e dividido para o restante. Observe as papilas ainda preservadas.

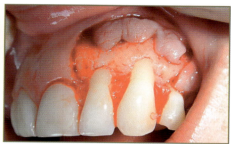
Figura 47. Após a remoção do epitélio das papilas nos elementos 2.2 e 2.3, que pode ser feito com tesoura, brocas esféricas diamantadas ou ainda lâmina de bisturi.

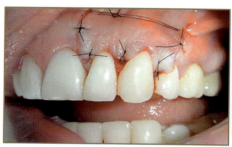
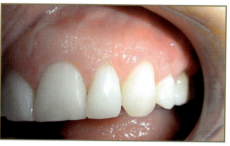

A   B

Figura 48. A. Suturas. Observe a sutura contínua de contenção do retalho dado a apical. B. Resultado após 180 dias.

Retalho Semilunar (RSL)

O RSL foi proposto por Tarnow (1986), sendo um procedimento cirúrgico de fácil execução e de bom prognóstico. Porém, pode haver como sequela a formação de um queloide na incisão de forma semilunar na mucosa alveolar. É indicada para retrações classe I de Miller (1985), localizadas ou generalizadas (NASSAR et al., 2006).

O RSL possui as seguintes vantagens (CASATI et al., 2001):
→ Ausência de tensão no retalho após seu posicionamento coronário;
→ Mantém a profundidade do vestíbulo;
→ Não envolve as papilas interdentárias;

→ Ausência de suturas, pois pode ser adaptado sobre a raiz desnuda passivamente;
→ Presença de apenas um leito cirúrgico e
→ Baixo desconforto pós-operatório para o paciente.

Casati *et al.* (2001) também preconizam que esta cirurgia não deve ser realizada em regiões com pouca quantidade de gengiva inserida, na presença de deiscências ósseas e próximo a freios e bridas labiais.

Em classe I de Miller, foi observado em um período de 6 meses uma significante redução na largura e altura das RG tratadas com o RSL, bem como ganho de inserção clínica (BITTENCOURT, 2009).

Técnica cirúrgica

1. Obedecer aos princípios básicos das cirurgias plásticas periodontais;
2. Anestesia do fundo do vestíbulo;
3. Raspagem radicular e tratamento químico da raiz;
4. Incisão semilunar na mucosa alveolar, levando até próximo às papilas (Figura 49). É importante ressaltar que a incisão semilunar deve ser localizada calculando-se a soma da sondagem da margem cervical até o fundo do sulco gengival, mais o tamanho da RG. Como exemplo, podemos citar que, se a sondagem é de 5,0 mm e a RG é de 2,0 mm, a incisão deve ser realizada a 7,0 mm (2,0 mm + 5,0 mm) da junção cemento-esmalte. Isto deve ser feito com o objetivo de se evitar a incisão sobre alguma possível deiscência óssea.

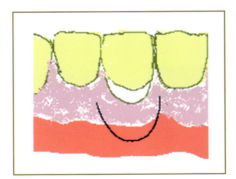

Figura 49. Incisão.

5. Após reposição coronal do retalho, realizam-se suturas com fio 6.0 absorvíveis ou não (Figura 50) como veremos a seguir.

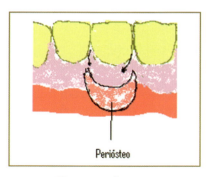
Figura 50. Suturas.

Caso clínico

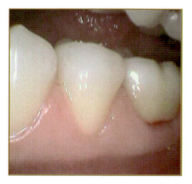

Figura 51. RG classe I de Miller no dente 3.4.

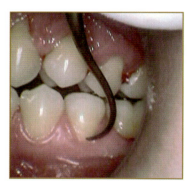

Figura 52. Raspagem.

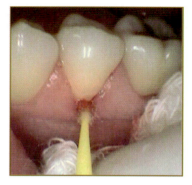

Figura 53. Aplicação de ácido cítrico com Microbrush.

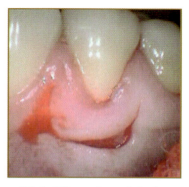

Figura 54. Incisão semilunar, indo do meio da região de papilas interproximais até a mucosa alveolar, preservando tecido queratinizado.

Tratamentos das retrações gengivais 127

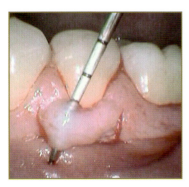

Figura 55. Com uma sonda milimetrada, conferir a total liberação do retalho, que foi realizado por meio da divisão deste.

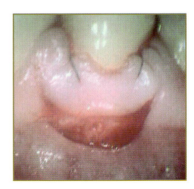

Figura 56. Reposição coronal do retalho e suturas suspensórias. Tem a opção de não realizar as suturas. Para isto, basta pressionar o retalho sobre a RG, por no mínimo 3 minutos.

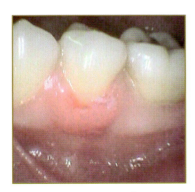

Figura 57. Aspecto após 7 dias.

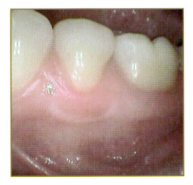

Figura 58. Aspecto após 60 dias. Observe a formação de queloide na região em que o tecido conjuntivo ficou exposto. Esta é uma desvantagem desta técnica.

Enxertos de tecido livre

RIBEIRO, M. M.; GUIMARÃES, G. M.

Enxerto gengival livre

O enxerto gengival livre (EGL), cuja denominação foi feita para se opor às técnicas usuais de enxertos pediculados, foi introduzido por Bjorn (1963). Até a década de 1980 foi sem dúvida o procedimento mais descrito da cirurgia mucogengival, que inicialmente era utilizado para aumentar a quantidade de tecido queratinizado e aprofundar a região de vestíbulo.

Os enxertos de tecido mole têm sido utilizados com alto índice de sucesso na periodontia para reconstrução de áreas apresentando retração gengival (RG) e deficiência no rebordo alveolar (Langer & Calagna, 1980).

Segundo Monnet-Corti & Borghetti (2002) o recobrimento radicular, com o uso do EGL, é indicado para regiões mandibulares não estéticas, com aumento do tecido gengival em altura e espessura e recobrindo em parte as recessões. Os mesmos autores preconizam que para cirurgias de EGL não se faça a fenestração óssea, para não dificultar a nutrição do enxerto. O leito receptor deve estar imóvel para permitir a vascularização e o enxerto deve ser mais espesso na região avascular (raiz).

A cobertura mucogengival queratinizada com EGL serve como barreira efetiva a danos causados pelo trauma de mastigação e estímulos termoquímicos dos componentes da dieta. Seu selamento perfeito impede o ingresso de bactérias no tecido conjuntivo (TC) subjacente, que por sua vez se opõe às forças aplicadas à gengiva pelos músculos de mastigação e expressão facial, prevenindo a RG. (CAMARGOS et al., 2003).

A escolha terapêutica pelo enxerto gengival deve ser feita após anamnese, exame clínico e radiográfico para avaliação da estrutura óssea periodontal.

Segundo Agudio et al. (2009), em estudo longitudinal por 27 anos, verificou-se que com o uso do EGL as chances de recidiva das RG caem drasticamente se comparadas a outras técnicas cirúrgicas.

Na mandíbula, nos segmentos laterais, é preciso situar a emergência da artéria e o nervo mentoniano na radiografia e memorizá-la durante a dissecção em direção apical, a fim de não lesar estruturas anatômicas importantes.

Para a quantidade de gengiva a ser enxertada, deve ser levada em consideração os fatores anatômicos, fisiológicos e estéticos (ISENBERG, 1981).

O exame prévio do sítio doador deve avaliar a presença de exostoses e a textura (rugosidade, papilas palatinas). Os tecidos não devem ser finos, erosivos ou ulcerados. A dimensão do tecido a ser enxertado deve corresponder à do leito receptor no sentido mesiodistal.

A contração tecidual é influenciada pela espessura do enxerto. Com 7 dias, há uma contração de 14,68% da área original do enxerto, com 30 dias é de 27,94%, de 30 a 90 dias estabiliza e após 90 dias a contração média final é de 36,60% (LINS et al., 1998).

O enxerto não deve ser colocado sobre a junção cemento-esmalte (JCE), para não provocar espaço morto e comprometer a nutrição (MILLER Jr., 1985).

Wennstrom & Pini Pinto (2005) apontaram para uma média da quantidade de recobrimento da RG entre 28 e 63% de recobrimento radicular completo.

Sullivan & Atkins (1969) e Matter (1980) afirmam que apenas defeitos rasos e estreitos (altura e largura menor ou igual a 3,0 mm), tem a capacidade de proporcionar um leito receptor com capilares para suprir a necessidade de vascularização do enxerto e permitir o recobrimento total.

As vantagens e desvantagens do uso de EGL estão na Tabela 2.

Tabela 2. Vantagens e desvantagens do EGL.

Vantagens	Desvantagens
Aumento tecidual (altura e espessura) em grande quantidade	Aspecto antiestético, no recobrimento radicular
Previsibilidade do enxerto	Cicatrização por segunda intenção do sítio doador
Pós-operatório do sítio receptor não doloroso	Pós-operatório doloroso do sítio doador
Simplicidade de execução	Risco de complicações

Técnica cirúrgica

1. Observar todos os princípios básicos comuns das cirurgias plásticas periodontais para recobrimento radicular;
2. Anestesia no fundo do vestíbulo da área receptora, nos dentes vizinhos e nas papilas a mesial (M) e distal (D) da RG;
3. Raspagem meticulosa e tratamento químico da raiz. Após estes procedimentos, lavar a RG com soro fisiológico;
4. **Preparação do leito receptor:** A primeira incisão horizontal é realizada coronalmente à linha mucogengival no tecido queratinizado de um lado a outro da área a ser tratada. Ela continua nos sulcos gengivais do(s) dente(s) envolvido(s) no EGL.

Duas incisões verticais proximais, com forma trapezoidal e divergentes em direção apical, são confeccionadas. Essa forma trapezoidal permite estender a superfície conjuntiva para garantir um ganho vascular maior. A dissecção em espessura parcial se inicia por um ângulo proximal, dirigindo a lâmina apicalmente e mantendo-a paralela à superfície óssea subjacente. Essa dissecção permite também a eliminação eventual de freio. Após o retalho mucoso ser inteiramente dissecado, ele é eliminado (com tesoura ou lâmina de bisturi) ou suturado na base do leito. O sítio é revisado e todas as fibras elásticas e musculares devem sofrer dissecção cuidadosa com tesoura ou alicates apropriados. O leito assim preparado deve ficar imóvel. Após tomada das dimensões do leito com a ajuda de uma sonda periodontal, uma gaze umedecida em soro fisiológico é colocada sobre o sítio (Figura 59);

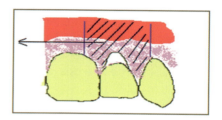

Figura 59. Dissecção da mucosa alveolar e restante da gengiva queratinizada, entre as incisões verticais.

5. Para a remoção do enxerto é feita a escolha do sítio doador. Somente os rebordos edêntulos e a mucosa mastigatória palatina apresentam uma quantidade e uma qualidade suficiente de tecido queratinizado. A dimensão do enxerto é transposta para o palato (com o auxílio de um molde ou da sonda periodontal). Em um primeiro momento, a lâmina 15, nova, delimita os contornos. Depois, é orientada paralelamente à superfície epitelial, a uma profundidade de 1,0 mm aproximadamente. O tecido adiposo, de aspecto amarelado, presente na face interna, é retirado com o auxílio de tesoura para tecido;
6. O enxerto é experimentado e adaptado ao sítio receptor;
7. A sutura do enxerto deve manter a perfeita coaptação das suas bordas conjuntivas sobre as bordas conjuntivas do leito receptor. O enxerto pode ser suturado verticalmente a cada papila e horizontalmente às bordas do leito receptor. Em seguida, ele é fixado em sentido por suturas suspensórias em torno dos dentes e ancoradas ao periósteo do fundo do vestíbulo, suturas estas que adaptam o enxerto às convexidades do sítio (Figura 60).

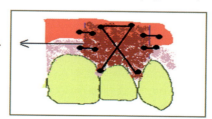

Figura 60. Enxerto bem adaptado.

O sítio receptor é protegido por cimento cirúrgico. Pode ser deixado sem proteção, neste caso, com recomendações ao paciente de não traumatizar a área.

O sítio doador, principalmente se for palatino, deverá ser protegido para minimizar os sintomas de um pós-operatório desagradável. A proteção do sítio doador palatino é obrigatória para:

1. Assegurar a hemostasia imediata e retardada;
2. Propiciar o conforto do paciente (fonação, nutrição, deglutição).

Casos clínicos

Caso clínico 1

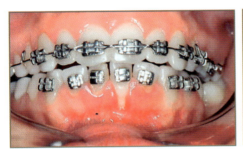

Figura 61. Retração gengival classe II de Miller do 3.1.

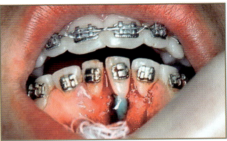

Figura 62. Aplicação de ácido ortofosfórico por 2 minutos, após minuciosa raspagem. Neste caso realizou-se a remoção prévia de tecido queratinizado em torno da RG, antes do tratamento químico da raiz.

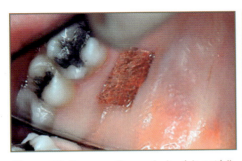

Figura 63. Com uso de papel-alumínio estéril, recorte a medida correta do enxerto, no palato para adaptação sobre a RG, servindo como guia para remoção do tecido queratinizado.

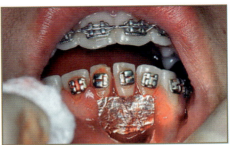

Figura 64. O molde é adaptado na área receptora, conferindo o tamanho ideal do enxerto.

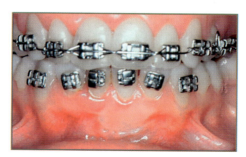

Figura 65. Resultado após 90 dias. Observe a diferença de cor sobre a RG, apesar do recobrimento radicular total.

Caso clínico 2

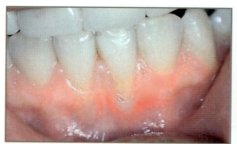

Figura 66. Retração classe II de Miller do elemento 3.1.

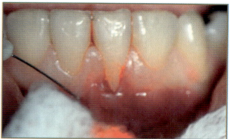

Figura 67. Anestesia no fundo do vestíbulo, indo de mesial do elemento 4.1 a mesial do elemento 3.2.

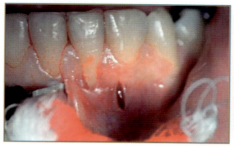

Figura 68. Após incisões verticais, realiza as horizontais.

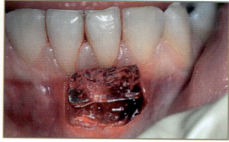

Figura 69. Com papel-alumínio, faça molde da área a ser enxertada.

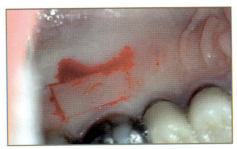

Figura 70. Após adaptação do molde "mapa" sobre o tecido queratinizado no palato, tracejar o tamanho exato do tecido doador.

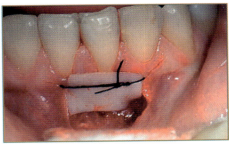

Figura 71. Enxerto adaptado sobre a raiz desnuda, com sutura contínua. Observe a perfeita adaptação do enxerto nos rebordos, em íntimo contato.

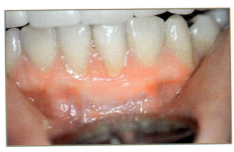

Figura 72. Resultado após 120 dias.

Figura 73. Integração favorável do tecido enxertado, visto após 120 dias.

Enxerto de tecido conjuntivo

GUIMARÃES, G. M.

Considerações iniciais

Considerado como um marco na Cirurgia Plástica Periodontal, o enxerto de tecido conjuntivo subepitelial (ETCSE), foi inicialmente introduzido por Langer & Calagna (1980) e, posteriormente, modificado por Langer & Langer (1985) e Raetzeck (1985).

O ETCSE tem a vantagem de ser uma técnica cirúrgica de alta previsibilidade para formação de mucosa ceratinizada e o recobrimento radicular, com reparação final mais rápida, com a possibilidade de tratamento de RGs múltiplas (MARCANTÔNIO Jr., 1997).

Langer & Langer (1985) ainda citam as seguintes vantagens do uso do ETCSE: melhores resultados estéticos, possibilidade de resultados sem queloides, alta previsibilidade, cicatrização de primeira intenção na área doadora e suprimento sanguíneo durante a cicatrização de forma dupla.

Para que as técnicas usadas para tratamento de raízes desnudas obtenham sucesso, Allen (1994) propõe que o tecido conjuntivo (TC) cubra a RG em uma extensão de 5,0 mm apical à retração, a partir da junção cemento-esmalte (JCM) e mais 3,0 mm de cada lado dos rebordos da RG (Figura 74).

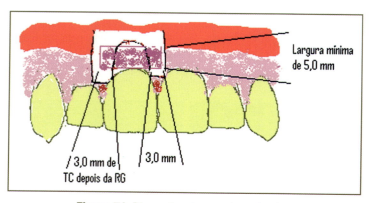

Figura 74. Dimensões do enxerto conjuntivo.

A recomendação supracitada vai ao encontro de Fontanari *et al.* (2009), que atribuem o sucesso da técnica pela nutrição vinda para o enxerto através do conjuntivo / periósteo e conjuntivo / retalho, o que justifica estas extensões do TC, para receber a nutrição vinda destas áreas.

Nas áreas habituais para a remoção dos enxertos, compreendida de caninos superiores a mesial dos primeiros molares superiores, a espessura do TC pode variar de 2,5 mm mais próximos à gengiva marginal, até 3,9 mm em áreas mais distantes da gengiva marginal. Portanto, devido a essas diferenças de espessura, o enxerto obtido pode resultar em uma forma triangular (STUDER *et al.*, 1997). Os mesmos autores relatam também que não há diferença na quantidade de TC entre os sexos. Os enxertos retirados na área de caninos superiores podem vir acompanhados com uma quantidade exacerbada de tecido adiposo. Portanto, se possível, esta área deve ser evitada.

Outras áreas como a região de tuberosidades e crista edêntulas podem ser usadas para a remoção de TC para o enxerto.

Segundo Harris (1992), em um palato pouco profundo teremos uma perda em altura dos enxertos, sendo então, para os pacientes portadores desta condição anatômica um limitador para tratamento de RGs múltiplas.

Uma pressão digital sobre o enxerto, com o objetivo de remover a camada de coágulo sanguíneo, é indicada para não prejudicar a cicatrização deste sobre a raiz (FONTANARI, 2009).

Uma manobra de sutura longitudinal apical ao retalho (Figura 75) pode ser usada com o objetivo de evitar que os movimentos labiais impeçam uma cicatrização favorável, tracionando o conjunto retalho / conjuntivo apicalmente, deslocando-o da posição adequada adaptada sobre a raiz (FONTANARI, 2009).

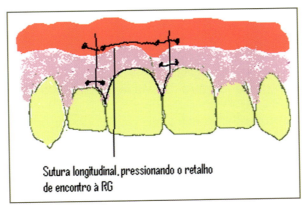

Figura 75. Sutura longitudinal.

O ETCSE, além de possuir todas as vantagens estéticas que lhe são peculiares, aumenta a quantidade de tecido queratinizado (BORGHETTI & MONNET-CORTI (c), 2002), o que lhe dá boa estabilidade ao longo dos anos (NICKLES et al. 2010). Pode haver também uma formação exacerbada de tecido nos primeiros 6 meses, mas que desaparece após este período (DAL PRA, 1972).

A cicatrização do ETCSE possui a seguinte sequência: ocorre uma inflamação, com a presença de coágulo sanguíneo rico em fibrina e fibronectina, e há a formação de tecido de granulação e a remodelação deste tecido (MONNET--CORTI & BORGHETTI (d) 2002).

Mesmo tendo uma morbidade elevada por causa da remoção do tecido vindo do palato, induzindo a duas áreas cirúrgicas, os resultados compensam, justificando seu uso (NICKLES et al. 2010).

Técnica Cirúrgica de Langer & Langer

É a técnica precursora das Cirurgias Plásticas Periodontais com a finalidade de recobrir retrações gengivais, proposta inicialmente por Langer & Calagna (1980) e posteriormente modificada por Langer & Langer (1985).

Confeccionada com a utilização de uma reposição coronal do retalho, ela pode ser feita com retalho de espessura total ou parcial. Segundo Langer & Langer (1985), o retalho de espessura parcial tem a vantagem de melhorar a nutrição do enxerto que foi adaptado subepitelial.

As condições anatômicas favoráveis para a realização desta técnica cirúrgica, são uma profundidade adequada do vestíbulo e região de papilas volumosas e pode ser usada para tratamento de retrações unitárias ou múltiplas, classe I ou II de Miller (1985).

Técnica cirúrgica

1. Observar todos os princípios básicos comuns das cirurgias plásticas periodontais para recobrimento radicular.
2. Anestesia no fundo do vestíbulo da área receptora e nas papilas a mesial (M) e distal (D) da RG.
3. Raspagem meticulosa e tratamento químico da raiz. Após estes procedimentos, lavar a RG com soro fisiológico abundamente para não deixar resíduos do produto usado sobre a raiz, pois isto pode resultar em não adesão adequada do TC sobre a raiz desnuda.
4. Incisões horizontais a M. e D. da RG, desenhando as papilas nesta região, indo até as proximais dos dentes vizinhos e posteriormente, incisões verticais indo até a mucosa alveolar (Figura 76). O retalho deve ser dividido com cuidado para não sofrer perfuração, o que poderia implicar no insucesso da cirurgia.

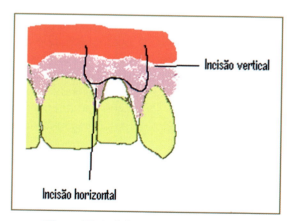

Figura 76. Incisões da técnica de Langer.

5. Testar a passividade do retalho sob a RG. Para isto, tracioná-lo até coronal, soltar e conferir se fica imóvel. Caso contrário, realizar incisões no fundo do vestíbulo e liberar mais as fibras que estão segurando este retalho. Estas incisões devem ser paralelas ao longo do eixo do dente, para não produzir

sequela de hemorragia pós-operatória e subsequentemente um aspecto na pele da face operada de "roxo / amarelada", que também pode ser produzida por pressão digital durante o ato cirúrgico para afastar a bochecha. Cuidado especial deve-se ter na região dos pré-molares inferiores, devido à proximidade do afloramento do nervo alveolar inferior, que se seccionado pode resultar em parestesia;

6. Realizar a remoção do epitélio das papilas, que pode ser feita com broca diamantada esférica, lâmina de bisturi ou tesoura cirúrgica. Cuidado para remover somente o epitélio, deixando a papila com o TC exposto (Figura 77).

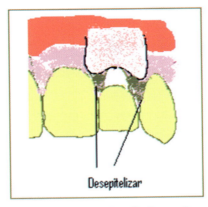

Figura 77. Desepitelização das papilas.

7. A anestesia no palato, na área doadora, deve ser realizada no mesmo lado em que se vai realizar a cobertura radicular, ou seja, se estiver realizando a cobertura de uma RG de um pré-molar inferior direito, remover o tecido doador no lado direito. Porém, isto não impede que, caso não tenha tecido adequado do mesmo lado, não possa o TC ser removido do lado oposto. Deve ser observada também a região a ser anestesiada, com a quantidade de retrações a serem cobertas. Como exemplo pode ser citado: se for recobrir as raízes de dois pré-molares, a anestesia no palato deve ser de D. de canino a M. de primeiro molar.

8. Remoção do enxerto do palato, usando uma das técnicas indicadas no capítulo 6. Cuidado com a artéria palatina. Se houver sangramento abundante durante a remoção do enxerto, o próprio anestésico aplicado na base da incisão pode ser usado para minimizar este sangramento (Figura 78) como veremos:

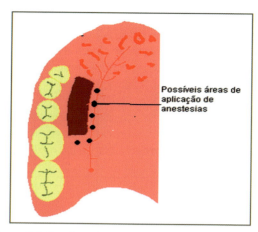

Figura 78. Possíveis áreas para controle do sangramento.

9. Após a remoção do enxerto, retirar o epitélio que veio junto com o TC. Para isto, o tecido deve ser segurado com uma pinça de sutura, sem traumas e, a seguir, deve-se passar a lâmina de bisturi pressionando entre a junção epitélio / conjuntivo. Esta manobra deve ser feita sobre um lençol de borracha estéril e umedecido em soro fisiológico, para minimizar a contração do enxerto (Figuras 79-A a 79-C). O TC remanescente não deve sofrer traumas.

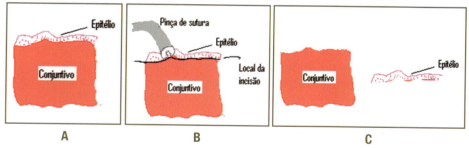

Figura 79. A) Conjunto epitélio / conjuntivo; B) Modo de remoção do enxerto / local incisão; C) Epitélio removido.

10. Adaptação do enxerto sobre a RG deve ser feita observando uma distância de 3,0 mm a M. e D. da raiz e uma largura de 5,0 mm no sentido inciso / apical. Suturas com fio 6.0 sem tensões.
11. Reposição coronal do retalho sobre o enxerto de forma passiva, ocupando a região das papilas desepitelizadas e suturas de forma suspensória ou unitária nas papilas e nas incisões verticais (Figura 80). Caso seja de preferência do

cirurgião, as suturas podem ser iniciadas no fundo do vestíbulo nas incisões verticais, após tracioná-las em sentido coronal, para que o retalho fique passivo sobre a RG, para então realizar as outras suturas (ZUCCHELLI, 2007).

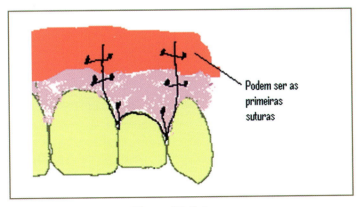

Figura 80. Suturas.

12. Suturas simples ou contínuas na área doadora, que esteve coberto durante a adaptação do enxerto na área receptora, com uma gase umedecida em soro fisiológico, de preferência gelado.

Casos clínicos

Caso clínico 1

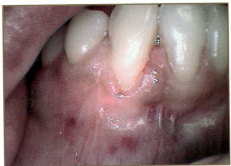

Figura 81. RG de 3,0 mm do elemento 4.3.

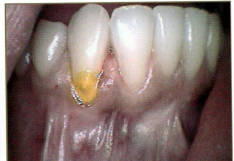

Figura 82. Após raspagem radicular, foi realizada aplicação de Tetraciclina Hidroclorada por 4 minutos.

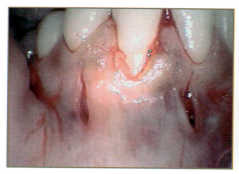

Figura 83. Incisões horizontais a mesial e distal do 4.3, preservando as papilas e incisões verticais, para liberação dividida do retalho.

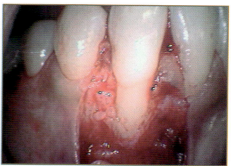

Figura 84. Após divisão do retalho, foi realizada desepitelização da papila distal e posteriormente da papila mesial.

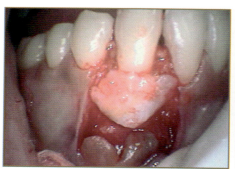

Figura 85. Após a remoção do TC, ele foi adaptado sobre a RG e suturado com fio 6.0 de ácido poliglicólico.

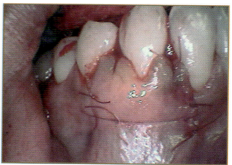

Figura 86. Suturas suspensórias do retalho sobre as papilas sem epitélio e nas incisões verticais ou relaxantes. Sendo a mais apical, contínua, com o objetivo de impedir movimentações do retalho.

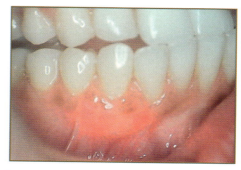

Figura 87. Resultado após 90 dias, com boa cobertura radicular.

Caso clínico 2

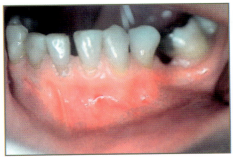

Figura 88. RG generalizada na região inferior, com particular dificuldade de recobrimento radicular, no elemento 3.4, devido à ausência do elemento dental 3.5. Foi optado para técnica de Langer, devido à profundidade favorável do vestíbulo, para recobrimento das raízes dos elementos 3.4 e 3.3.

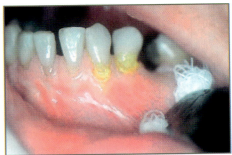

Figura 89. Após minuciosa raspagem radicular, foram os dois dentes tratados com Tetraciclina Hidroclorada, como indicado.

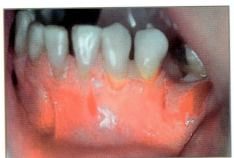

Figura 90. Incisões horizontais, indo de distal do dente 3.2 a distal do elemento 3.4. Este último, com a papila reduzida em tamanho, devido à ausência do dente 3.5.

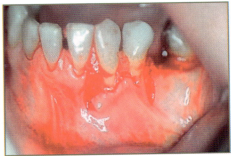

Figura 91. Após divisão do retalho, foram as papilas desepitelizadas, com especial cuidado com a papila distal do elemento 3.4, que sofreu a remoção do epitélio até o limite lingual, para que houvesse melhora na nutrição do enxerto a ser adaptado sobre as raízes desnudas.

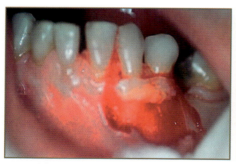 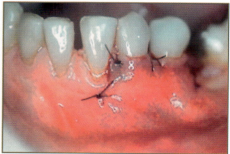

Figura 92. Após a remoção do TC, foi o enxerto adaptado sobre a RG e suturado com fio 6.0 Vycril.

Figura 93. Suturas realizadas nas incisões e retalho adaptado além da junção cemento--esmalte, para tentar compensar a dificuldade de cobertura radicular a distal do dente 3.4.

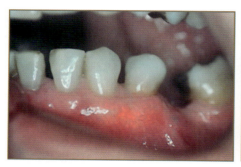 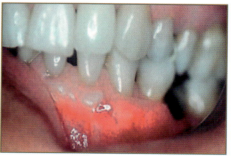

Figura 94. Resultado após 60 dias. Observe ainda a presença de uma saliência entre o 3.3 e o 3.4, que será remodelada.

Figura 95. Resultado após 120 dias. Observe que a saliência entre os elementos teve uma leve remodelação.

Técnica Cirúrgica de Bruno

A técnica descrita por Bruno (1994) para tratamento de RG pode ser usada para classes I e II de Miller (1985), unitárias ou múltiplas, diferindo da técnica de Langer & Langer (1985), por não possuir incisões verticais relaxantes.

Segundo Borghetti & Monnet-Corti (c) (2002), é uma técnica cirúrgica perfeitamente indicada onde o tecido queratinizado apical à RG esteja totalmente ausente.

Em sua utilização a classe II de Miller (1985), deve ser observada a profundidade de vestíbulo, pois, ao tracionar o retalho em sentido coronal, esta região anatômica pode ficar com profundidade reduzida.

Técnica cirúrgica

1. Observar todos os princípios básicos comuns das cirurgias plásticas periodontais para recobrimento radicular.
2. Anestesia no fundo do vestíbulo da área receptora, nos dentes vizinhos e nas papilas a mesial (M) e distal (D) da RG.
3. Raspagem meticulosa e tratamento químico da raiz. Após este último, lavar abundantemente a raiz com soro fisiológico.
4. Incisões horizontais indo de M. a D. dos dentes vizinhos, preservando as papilas M. e D. da RG (Figura 96).

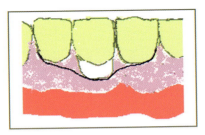

Figura 96. Incisões – técnica de Bruno.

5. Para testar a passividade do retalho, tracione-o até coronal, soltar e conferir se fica imóvel sobre a RG. Caso contrário, realizar incisões no fundo do vestíbulo e liberar mais as fibras que estão retendo este retalho. Estas incisões devem ser paralelas ao longo do eixo do dente, para não produzir sequela de hemorragia pós-operatória e subsequentemente um aspecto na pele da face operada de "roxo / amarelada", que também pode ser produzida por pressão digital durante o ato cirúrgico para afastar a bochecha. Cuidado especial se deve ter na região de pré-molares inferiores devido à proximidade do afloramento do nervo alveolar inferior, que, se seccionado, pode resultar em parestesia.
6. Realizar a remoção do epitélio das papilas, que pode ser feita com broca diamantada esférica, lâmina de bisturi ou tesoura cirúrgica. Cuidado para remover somente o epitélio, deixando a papila com TC exposto.
7. A anestesia no palato, na área doadora, se possível deve ser realizada no mesmo lado em que se vai realizar a cobertura radicular, ou seja, se estiver realizando a cobertura de uma RG de um canino inferior direito, remover o tecido doador no lado direito. Deve ser observada também a região a ser anestesiada, com a quantidade de retrações a serem cobertas. Como exemplo, pode ser citado: se for recobrir as raízes de um incisivo lateral, a anestesia no palato deve ser de D. de canino a M. de segundo pré-molar.
8. Remoção do enxerto do palato, usando uma das técnicas indicadas no capítulo 6. Cuidado com a artéria palatina.

9. Após a remoção do enxerto, retirar o epitélio que veio junto com o TC. Para isso, a parte do epitélio deve ser segurada com uma pinça, sem traumas e, a seguir, passar a lâmina de bisturi pressionando entre a junção epitélio / conjuntiva. Esta manobra deve ser feita sobre um lençol de borracha estéril e umedecido em soro fisiológico, para minimizar a contração do enxerto. O TC remanescente não deve apresentar traumas.
10. A adaptação do enxerto sobre a RG deve ser feita observando uma distância de 3,0 mm a M. e D. da raiz e uma largura de 5,0 mm no sentido inciso / apical. Suturas com fio 6.0 sem tensões.
11. Reposição coronal do retalho com suturas unitárias nas papilas ou de forma suspensória (Figura 97).

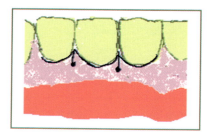

Figura 97. Suturas – técnica de Bruno.

12. Suturas simples ou contínuas na área doadora no palato, que esteve coberto durante a adaptação do enxerto na área receptora, com uma gaze umedecida em soro fisiológico, de preferência gelado.

Casos clínicos

Caso clínico 1

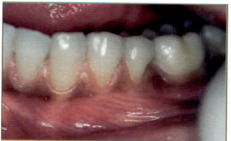

Figura 98. Retração a ser tratada no elemento 3,4 de 3,0 mm.

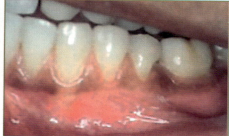

Figura 99. A RG está associada a vestíbulo raso.

Tratamentos das retrações gengivais 145

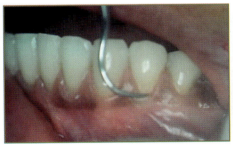

Figura 100. Raspagem radicular.

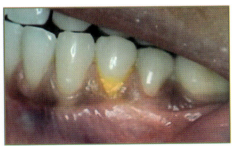

Figura 101. Aplicação de Tetraciclina Hidroclorada por 4 minutos.

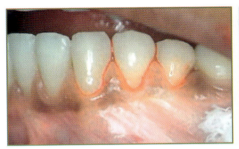

Figura 102. Incisões horizontais, indo de intrassulcular da sua face mesial a vestibular do 3.3, "desenhando" a papila entre o 3.3 e 3.4, passando por intrassulcular vestibular do 3.4, "desenhando" a papila entre o 3.4 e o 3.5 e terminando a incisão horizontal, por vestibular do 3.5, indo até a sua face distal.

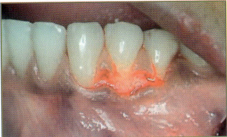

Figura 103. Aspecto após divisão do retalho, preservando as papilas.

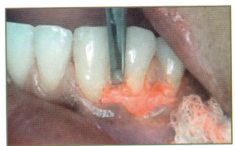

Figura 104. Remoção do epitélio das papilas com tesoura Castro-Viejo.

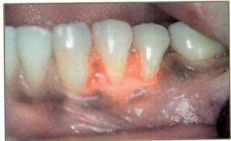

Figura 105. Aspecto após a desepitelização das papilas.

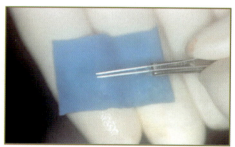

Figura 106. Lâmina de bisturi dupla para utilização da remoção do enxerto no palato (técnica de Harris).

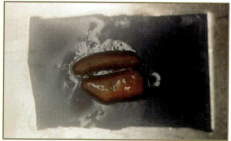

Figura 107. Remoção do epitélio que veio junto no ato da coleta do material doador. Na parte superior da figura, tem o epitélio deslocado do tecido conjuntivo.

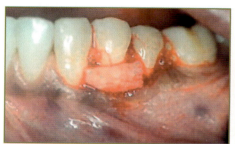

Figura 108. Adaptação do enxerto sobre a RG e sua posterior sutura com fio 6.0 absorvível.

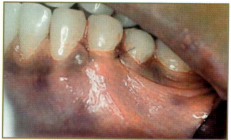

Figura 109. Suturas suspensórias, com fio 6.0 Nylon, do retalho sobre o enxerto.

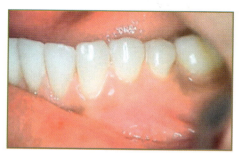

Figura 110. Aspecto após 90 dias.

Caso clínico 2

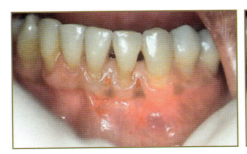

Figura 111. Retrações de 4,0 mm V. do 3.3, 3.2 e 3.1. Tratamento especificado para os elementos 3.3 e 3.2.

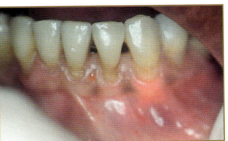

Figura 112. Uma visão mais aproximada das retrações cl. I de Miller dos elementos 3.3, 3.2 e 3.1.

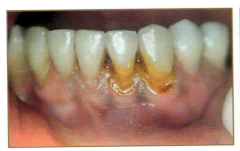

Figura 113. Aplicação de Tetraciclina Hidroclorada por quatro minutos.

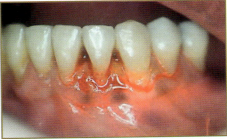

Figura 114. Incisões horizontais, preservando as papilas, indo de distal do elemento 3.4 a mesial do elemento 3.1, após lavar abundantemente a superfície tratada com Tetraciclina e soro fisiológico.

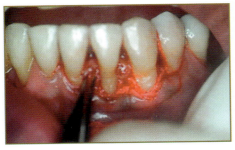

Figura 115. Após divisão parcial do retalho, remove-se o epitélio das papilas, deixando somente tecido conjuntivo exposto.

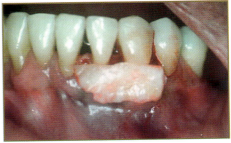

Figura 116. Após a remoção do tecido conjuntivo doador do palato, teste de sua adaptação sobre o leito receptor.

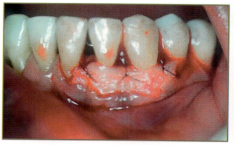 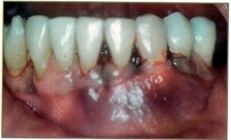

Figura 117. Suturas nas papilas do enxerto.

Figura 118. Suturas suspensórias do retalho sobre o enxerto.

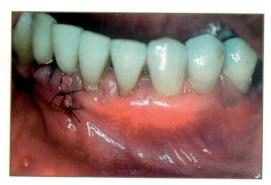

Figura 119. Resultado após 60 dias. Observe o lado esquerdo, em que foi realizada outra técnica de recobrimento radicular.

Técnica Cirúrgica de Harris

Harris (1992) descreveu uma técnica para recobrimento radicular, associado à técnica cirúrgica de dupla papila proposta por Cohen & Ross (1968), com a adaptação de um TC sob este retalho. Pode ser usada em RG classes I, II e III de Miller unitárias, esta última com reserva. Uma vantagem desta técnica é que a profundidade de vestíbulo não tem influência sobre o resultado.

É uma cirurgia bem indicada em áreas ausentes de tecido queratinizado apical à RG, em que se obtém uma considerável formação deste tecido após o período de cicatrização (HARRIS, 1992). O mesmo autor preconiza que o uso do retalho dividido é mais adequado para esta técnica, pois facilita a reposição coronal das papilas suturadas entre si sobre a raiz desnuda. Uma boa quantidade de área de papila deve estar presente, pois, caso contrário, pode incorrer na não obtenção de um retalho adequado para a cobertura total da RG (Figura 120) na próxima página.

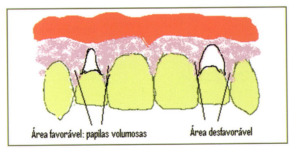

Figura 120. Condições adequadas e inadequadas para a indicação da técnica de Harris.

Uma boa manobra para o exposto acima é medir a distância da papila M. ou D. dos dentes contíguos, que deve coincidir até o meio da RG a ser coberta. Sendo no entanto, descontado 1,0 mm referente às margens da RG que serão removidas devido a sua desepitelização (Figura 121).

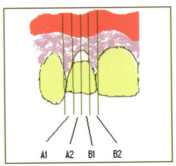

Figura 121. Distância A1 deve ser igual a A2, que é a metade distal da RG e a B1, que é a metade mesial da RG, é igual a B2, descontando 1,0 mm da margem da RG.

Técnica cirúrgica

1. Observar todos os princípios básicos comuns das cirurgias plásticas periodontais para recobrimento radicular.
2. Anestesia no fundo do vestíbulo da área receptora, nos dentes vizinhos e nas papilas a mesial (M) e distal (D) da RG.
3. Raspagem meticulosa e tratamento químico da raiz. Após estes procedimentos, lavar a RG com soro fisiológico.
4. Incisões horizontais próximas JCE, até a M. e D. do dente contíguo e verticais até a mucosa alveolar, realizando as mesmas incisões como no retalho de dupla papila. Os retalhos devem estar livres de tensões, para posterior adaptação destes sobre a raiz desnuda como veremos na (Figura 122).

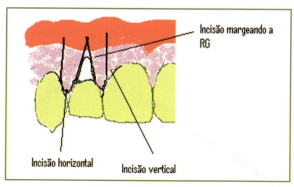

Figura 122. Incisões.

5. Suturas das papilas deslocadas, como no retalho de dupla papila.
6. Testar o retalho dividido, já com as duas papilas suturadas entre si, se ficou passivo sobre a RG, usando a técnica já descrita. Caso contrário, realizar incisões no fundo do vestíbulo e liberar mais as fibras que estão retendo este retalho. Estas incisões devem ser paralelas ao longo do eixo do dente, para não produzir sequela de hemorragia pós-operatória e subsequentemente um aspecto na pele da face operada de "roxo / amarelado", que também pode ser produzida por pressão digital durante o ato cirúrgico para afastar a bochecha. Cuidado especial se deve ter na região de pré-molares inferiores, devido à proximidade do afloramento do nervo alveolar inferior, que, se seccionado, pode resultar em parestesia.
7. A anestesia no palato, na área doadora, deve ser realizada no mesmo lado em que se vai realizar a cobertura radicular.
8. Remoção do enxerto do palato, usando uma das técnicas indicadas no capítulo 6. Cuidado com a artéria palatina.
9. Após a remoção do enxerto, retirar o epitélio que veio junto com o TC. Para isso, a parte do epitélio deve ser segurada com uma pinça de sutura, sem traumas e, a seguir, passar a lâmina de bisturi pressionando entre a junção epitélio / conjuntivo. Esta manobra deve ser feita sobre um lençol de borracha estéril e umedecido em soro fisiológico, para minimizar a contração do enxerto.
10. Adaptação do enxerto sobre a RG deve ser feita observando-se uma distância de 3,0 mm a M. e D. da raiz e uma largura de 5,0 mm no sentido inciso / apical.
11. Suturas com fio 6.0 sem tensões nas papilas ou suspensória.
12. Sutura do retalho sobre o TC podendo iniciar no ápice da incisão relaxante, que não devem ser apertadas para não impedir a nutrição do retalho e depois nas papilas, ou com suturas suspensórias.

Casos clínicos

Caso clínico 1

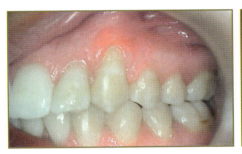

Figura 123. RG de 4,0 mm V. do 2.3, como sequela de movimentação ortodôntica.

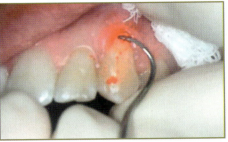

Figura 124. Raspagem meticulosa.

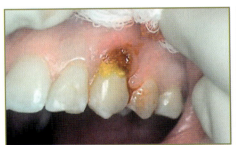

Figura 125. Aplicação de Tetraciclina Hidroclorada por 4 minutos.

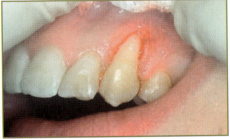

Figura 126. Remoção de faixa do epitélio em torno da RG (seta).

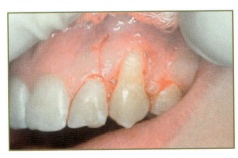

Figura 127. Incisões horizontais e verticais.

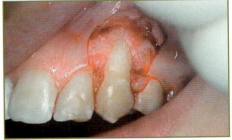

Figura 128. Após as incisões, o deslocamento do retalho dividido.

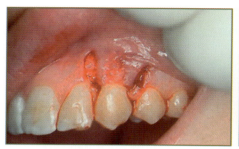

Figura 129. Suturas dos retalhos mesial e distal entre si e teste de sua passividade sobre a RG.

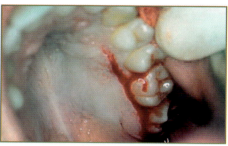

Figura 130. Remoção do tecido conjuntivo junto ao palato.

Figura 131. Enxerto removido usando a técnica de bisturi de lâmina dupla e adaptado sobre um lençol de borracha estéril para a remoção do epitélio.

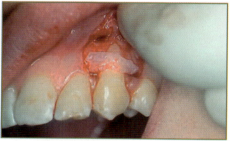

Figura 132. Após a remoção da tira do epitélio, adaptação do enxerto sobre a RG, com no mínimo 5,0 mm de largura e 3,0 mm de tecido conjuntivo sobre o LP e periósteo.

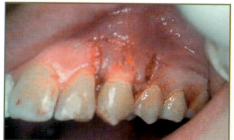

Figura 133. Sutura do TC nas papilas e do retalho sobre o TC que foi adaptado sobre a raiz desnuda.

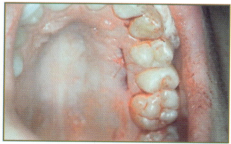

Figura 134. Suturas no palato.

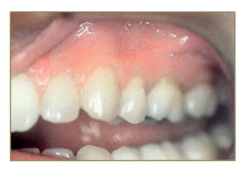

Figura 135. Resultado após 6 meses.

Caso clínico 2

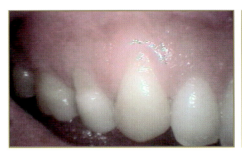

Figura 136. RG classe I de Miller no canino superior direito. Observe as RG nos demais dentes, oriundas de higiene traumatogênica.

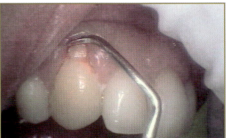

Figura 137. Raspagem radicular no canino superior direito.

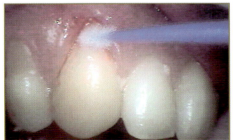

Figura 138. Aplicação de ácido cítrico utilizando Microbrush.

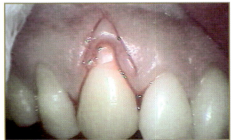

Figura 139. Remoção do epitélio em torno da RG.

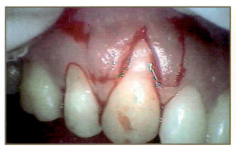

Figura 140. Incisões horizontais e verticais.

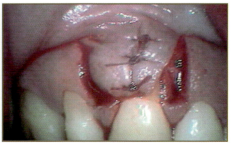

Figura 141. Suturas com fio 6.0 de ácido poliglicólico (absorvível) entre as papilas, unindo-as sobre a RG.

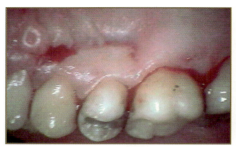

Figura 142. Remoção do enxerto no palato, usando a técnica de Nelson.

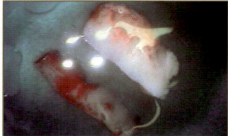

Figura 143. Remoção do epitélio, no enxerto.

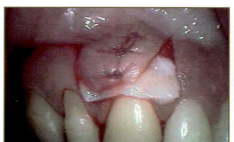

Figura 144. TC adaptado sobre a RG e sob o retalho.

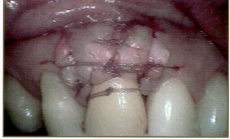

Figura 145. Suturas com fio 6.0 de ácido poliglicólico nas papilas e no fundo do vestíbulo de forma contínua.

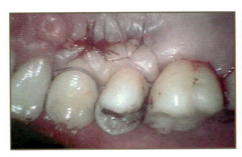
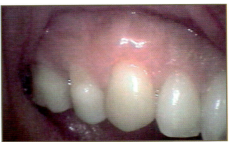

Figura 146. Suturas no palato.   **Figura 147.** Resultado após 60 dias.

Técnica Cirúrgica de Allen

Introduzida por Allen (1994), pode ser chamada também de técnica de túnel, devido a sua característica de abertura de um túnel sob as papilas das retrações, sem, no entanto, deslocá-las. A exposição do TC sobre a raiz desnuda sem o fechamento do retalho sobre este tecido, também pode ser uma condição comum desta cirurgia, que é uma técnica que exige uma destreza manual do cirurgião.

Pode ser usada para classes I e II de Miller, tratando-se de RG múltiplas, com resultados esteticamente favoráveis, com boa cobertura radicular e pouco traumatismo para o paciente na área receptora.

Papilas mais largas na área receptora são mais indicadas para a realização desta técnica cirúrgica, porém, sua espessura delgada não é impedimento para este tipo de terapia.

Técnica cirúrgica

1. Observar todos os princípios básicos comuns das cirurgias plásticas periodontais para recobrimento radicular.
2. Anestesia no fundo do vestíbulo da área receptora, nos dentes vizinhos e nas papilas a mesial (M) e distal (D) da RG.
3. Raspagem meticulosa e tratamento químico da raiz. Após estes procedimentos, lavar a RG com soro fisiológico.
4. Incisões intrassulculares a M., cervical (que deve ir até a mucosa alveolar) e a D. da RG, englobando a área subepitelial da papila entre as retrações, indo de um elemento dental ao outro, formando um túnel entre as RG (Figura 148) como veremos a seguir.

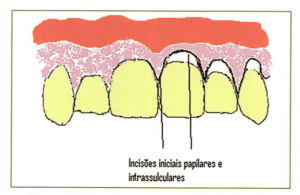

Figura 148. Em linha negra, o sentido das incisões.

5. Para testar a correta abertura das papilas interdentais, após a incisão, formando um túnel, pode ser usada uma sonda milimetrada transpassando a RG de um dente ao outro sob as papilas (Figura 149).

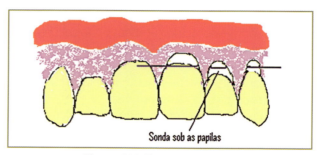

Figura 149. Teste das incisões.

6. Uma incisão vertical isolada pode ser realizada a M. ou D. das RG, com o objetivo de facilitar a colocação do TC sob as papilas (Figura 150).

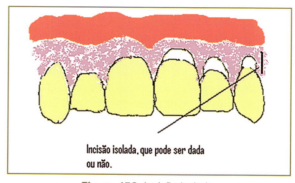

Figura 150. Incisão isolada.

7. A anestesia no palato, na área doadora, deve ser realizada de preferência no mesmo lado em que se vai realizar a cobertura radicular.
8. Remoção do enxerto do palato, usando uma das técnicas indicadas no capítulo 6. Cuidado com a artéria palatina.
9. Após a remoção do enxerto, retirar o epitélio que veio junto com o TC. Esta manobra deve ser feita sobre um lençol de borracha estéril e umedecido em soro fisiológico, para minimizar a contração do enxerto. O TC remanescente não deve sofrer traumas.
10. Com um fio de sutura 6.0, absorvível ou não, penetra na papila mais distal ou mesial, passando sobre a RG do primeiro dente, sob a papila que divide as duas RGs, sobre a segunda RG e assim por diante, até penetrar sob a papila mais distal ou mesial. Após esta manobra, lace o enxerto, volta o fio pelo mesmo caminho em sentido contrário, o que pode ser feito com a ajuda de uma sonda milimetrada, que, exercendo uma leve pressão, ajuda o TC a adaptar sob o retalho. Após todo este processo, com a pinça de sutura, ajuste as duas extremidades do fio e puxe no sentido mesial ou distal, conforme estão as pontas do fio de sutura (Figuras 151 e 152).

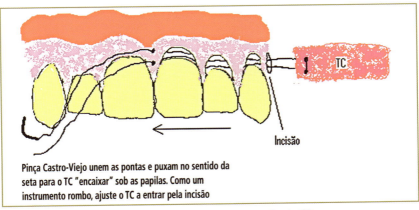

Figura 151. Técnica para adaptação do TC.

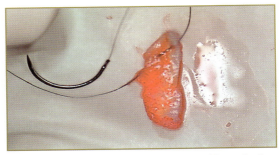

Figura 152. Sutura 6.0 passando pelo tecido conjuntivo.

11. Suturas nas papilas, na área em que as duas extremidades do fio de sutura foram puxadas e na incisão isolada, se ela foi feita (Figura 153). Suturas no palato devem ser realizadas.

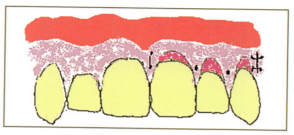

Figura 153. Suturas.

Casos clínicos

Caso clínico 1

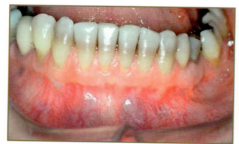

Figura 154. Retrações classe I de Miller a ser tratada do 3.2 ao 4.2.

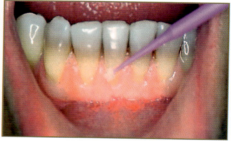

Figura 155. Após raspagem radicular, faz aplicação de ácido cítrico com Microbrush.

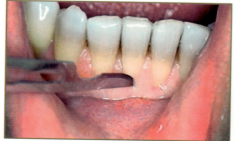

Figura 156. Com uma lâmina de bisturi delicada (15C ou microlâmina) realiza incisões intrassulculares e sob as papilas, fazendo um túnel e não as deslocando de seu leito.

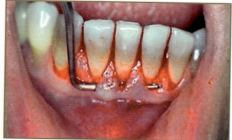

Figura 157. Com uma sonda milimetrada, conferir a comunicação entre as RGs passando o instrumento sob as papilas.

Tratamentos das retrações gengivais

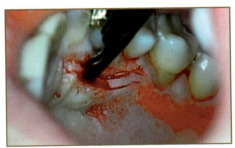

Figura 158. Remoção do tecido conjuntivo no palato (região de distal de 2º pré-molar a distal de canino), utilizando lâmina dupla.

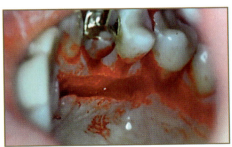

Figura 159. Aspecto após a remoção do tecido conjuntivo com a lâmina dupla.

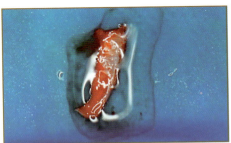

Figura 160. TC retirado, que deve ser longo, que nesta figura ainda está com o epitélio.

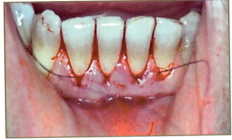

Figura 161. Fio de sutura 6.0 de Nylon, penetrando entre as papilas dos elementos 3.2 e 3.1, passando por V. do 3.1, indo sob as papilas entre o 3.1 e 4.1, passando por V. do 4.1, sob as papilas do 4.1 e 4.2 e indo a V. do 4.2

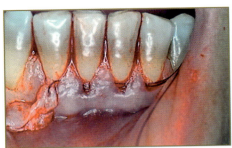

Figura 162. Com a extremidade do fio, laçar o tecido conjuntivo (a esquerda da figura), agora sem o epitélio, que foi removido delicadamente. Passar a sutura por ele e retornar pelo mesmo caminho do fio, que aconteceu na fase anterior, ou seja, de distal do elemento 4.2 a mesial do elemento 3.2.

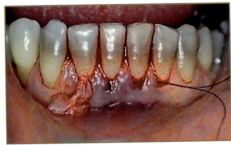

Figura 163. Aspecto após a união das duas extremidades do fio 6.0 de Nylon.

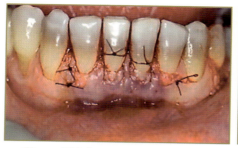

Figura 164. Suturas nas extremidades do tecido conjuntivo e suspensório pegando as papilas. Observe que o tecido conjuntivo ficou exposto.

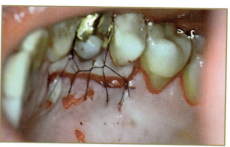

Figura 165. Sutura no palato.

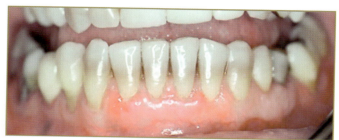

Figura 166. Resultado após 120 dias de controle.

Caso clínico 2

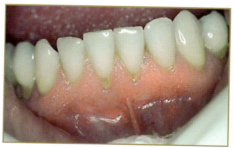

Figura 167. Retrações classe I de Miller em dentes 3.1 e 4.1, nos levou a indicar o recobrimento radicular com a técnica de Allen, por se tratarem de dentes contíguos e pela presença de freio de inserção gengival entre estes dois elementos, o que inviabilizaria outra técnica cirúrgica.

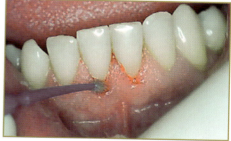

Figura 168. Após raspagem radicular, foram as RGs tratadas com ácido cítrico a 1% por 3 minutos.

Tratamentos das retrações gengivais 161

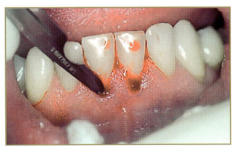

Figura 169. Incisões intrassulculares, preservando a papila entre estes elementos.

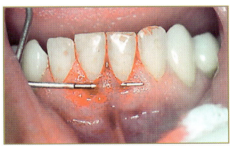

Figura 170. Após incisões sulculares indo de distal do elemento 4.1, passando pela papila entre este elemento e o dente 3.1 (unindo as faces mesiais dos dentes 4.1 e 3.1) termina sob a papila distal do elemento 3.1.

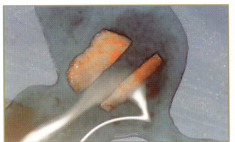

Figura 171. Após a remoção do enxerto, separe, com uma incisão, a parte epitelial (que será desprezada) do TC.

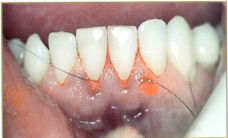

Figura 172. Com um fio de sutura 6.0, pentre a papila mais distal (neste caso a distal do dente 3.1) e siga sob a papila entre os dois dentes.

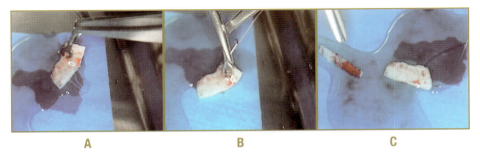

A B C

Figura 173. A) Com uma pinça de sutura, segure o enxerto em uma de suas extremidades à esquerda ou à direita deste e passe o fio; B) retorne na outra extremidade do TC; C) resultando em uma alça para auxílio da adaptação do enxerto. Observe o epitélio desprezado no lado esquerdo da foto.

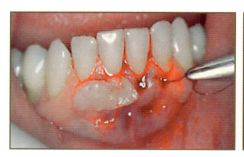 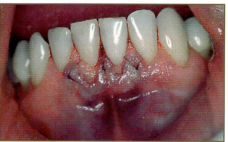

Figura 174. Puxe o enxerto, utilizando o laço feito na fase anterior, passando sob as papilas.

Figura 175. Após passar o TC sob as papilas distal e mesial do dente 3.1 e na papila mesial do dente 4.1, use o fio de sutura penetrando sob a papila distal do elemento 4.1 e novamente lace o enxerto, "embutindo-o" sob esta última papila, usando uma sutura simples. Pode ser usado também uma sutura simples na papila entre as RGs tratadas.

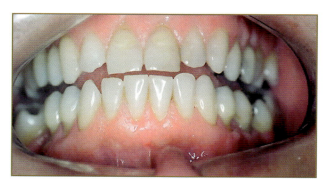

Figura 176. Resultado após 6 meses.

Técnica Cirúrgica de Raetzek

Técnica cirúrgica introduzida por Raetzek (1985) com boa previsibilidade, de fácil execução e com bons resultados, é usada para cobrir RG unitária, classes I e II de Miller (1985).

Deve-se ter bastante cuidado em sua confecção para que não ocorra perfuração do retalho, que deve ser dividido, pois, resultará em insucesso.

Técnica cirúrgica

1. Observar todos os princípios básicos comuns das cirurgias plásticas periodontais para recobrimento radicular.
2. Anestesia no fundo do vestíbulo da área receptora, nos dentes vizinhos e nas papilas a mesial (M) e distal (D) da RG.
3. Raspagem meticulosa e tratamento químico da raiz. Após estes procedimentos, lavar a RG com soro fisiológico.
4. Incisões intrassulculares a M., cervical, que deve ir até a mucosa alveolar e a D. da RG.
5. Após remoção do enxerto, faça a adaptação deste sob a papila e a vestibular da RG. Este TC pode ficar exposto (Figura 177). Podem ser usadas suturas para ajudar a adaptação do enxerto sobre a raiz desnuda.

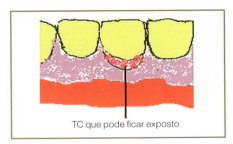

Figura 177. TC (enxerto) adaptado. Se necessário, pode usar suturas.

Caso clínico

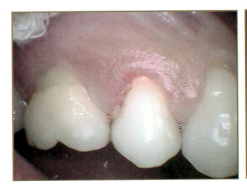

Figura 178. Retração classe I de Miller do elemento 1.5. O dente 1.4 foi removido para finalidades ortodônticas.

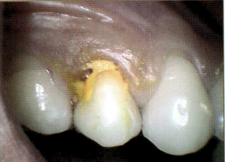

Figura 179. Aplicação de Tetraciclina Hidroclorada, após minuciosa raspagem.

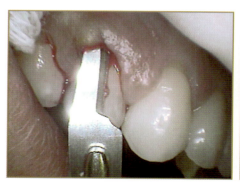

Figura 180. Incisão intrassulcular com lâmina de bisturi delicada ou com microlâminas.

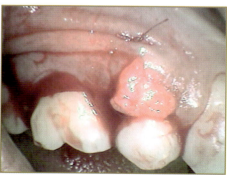

Figura 181. Tecido conjuntivo sendo adaptado sob o retalho dividido realizado por meio da incisão intrassulcular, com ajuda de sutura passando sob o retalho e saindo no fundo do vestíbulo, para tracionar o tecido conjuntivo, com o objetivo de adaptá-lo dentro da incisão.

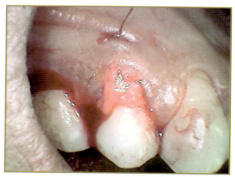

Figura 182. Tecido conjuntivo totalmente adaptado e exposto na cavidade oral.

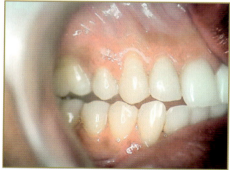

Figura 183. Resultado após 120 dias. Observe qualidade de tecido com boa formação de gengiva queratinizada e bom recobrimento radicular.

Técnica de Bernimoulin e Colaboradores

Condições clínicas em que tem ausência de gengiva inserida apical a RG, associada a vestíbulo raso – técnica de Bernimoulin *et al.* (1975) – pode ser usada com êxito.

Esta técnica possui o inconveniente de ter um custo mais elevado, duas fases cirúrgicas e uma estética desfavorável, devido à coloração mais clara vindo do tecido queratinizado retirado do palato. Por isso, como descrito para os enxertos gengivais, deve ser realizada mais para dentes posteriores, onde a estética não é tão exigida.

Compreende da realização de um Enxerto Gengival Livre (ou o chamado de tecido mole queratinizado, conforme recomenda a AAP – 1996) e sua posterior reposição coronal sobre a RG.

Técnica cirúrgica

1. Realizar a técnica cirúrgica proposta para Enxerto Gengival Livre, conforme descrito neste capítulo.
2. Após 8 semanas, realizar a reposição coronal do enxerto. Observar todos os princípios básicos comuns das cirurgias plásticas periodontais para recobrimento radicular.
3. Anestesia no fundo do vestíbulo da área receptora, nos dentes vizinhos e nas papilas a mesial (M) e distal (D) da RG.
4. Raspagem meticulosa e tratamento químico da raiz. Após estes procedimentos, lavar a RG com soro fisiológico. Se for necessário, pode ser realizado recontorno da raiz com brocas multilaminadas.
5. Realizar a Reposição Coronal do Retalho, como descrito anteriormente.

Caso clínico

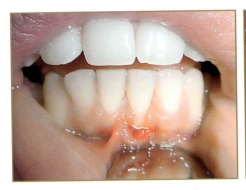

Figura 184. Retração classe II do elemento 3.1.

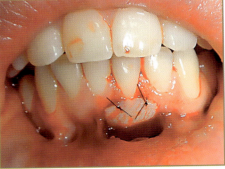

Figura 185. Enxerto gengival livre adaptado.

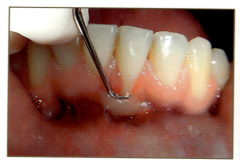

Figura 186. Após 60 dias em que o enxerto esteve no leito receptor, realiza-se raspagem minuciosa para reposicionar o enxerto sobre a raiz.

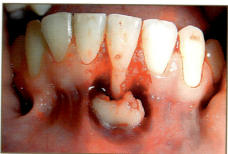

Figura 187. Divide o retalho, realizando duas incisões relaxantes e remove o epitélio das papilas, para que o retalho possa entrar em íntimo contato com elas, fornecendo uma ótima nutrição pelo contato conjuntivo do retalho com conjuntivo das papilas.

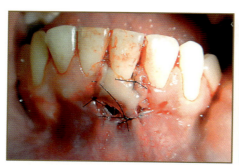

Figura 188. Sutura do retalho sobre a raiz. Observe a apical que o retalho foi rasgado, possivelmente devido à ação de freio labial. Optou por não realizar a sutura nesta região, para que o freio não tenha ação de tracionamento sobre o retalho.

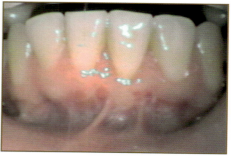

Figura 189. Resultado após 90 dias.

Técnica mista

Técnica desenvolvida para RG classe I de Miller (1985) foi introduzida por Guimarães (2007) para evitar uma frenectomia labial, que deveria ser indicada previamente a uma cobertura radicular em incisivos centrais superiores ou inferiores. Segundo Borghetti & Monnet-Corti (e) (2002), esta frenectomia deveria ser feita previamente, pois esta condição anatômica traciona o retalho que foi deslocado sobre a RG, que poderia induzir ao insucesso. Porém, envolveria mais uma cirurgia, o que onera o tratamento e aumenta o tempo de terapia.

É uma técnica que pode ser usada para outros elementos dentais, como em regiões onde é encontrado festão de MacCall, fissura de Stilmann e em retrações que não tenham a presença do dente vizinho.

De fácil execução, tem o principal pré-requisito para a sua realização, a presença de uma faixa adequada de tecido queratinizado apical à RG.

Técnica cirúrgica

1. Observar todos os princípios básicos comuns das cirurgias plásticas periodontais para recobrimento radicular.
2. Anestesia no fundo do vestíbulo da área receptora, nos dentes vizinhos e nas papilas a mesial (M) e distal (D) da RG.
3. Raspagem meticulosa e tratamento químico da raiz. Após estes procedimentos, lavar a RG com soro fisiológico.
4. Incisão intrassulcular sob a papila mesial e a vestibular do elemento em questão e depois, após deixar uma quantidade suficiente de papila a distal, realizar uma incisão vertical, paralela à face distal da RG e dividir o retalho. Testar sua mobilidade sobre a RG (Figura 190).

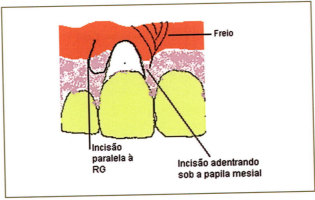

Figura 190. Incisões em torno da RG, deixando o freio íntegro.

5. Remover o epitélio da papila distal.
6. Remover o enxerto do palato.
7. Adaptar um dos lados do tecido conjuntivo removido, suturando-o sob a papila mesial, e o outro lado suturando a distal sobre a papila desepitelizada (Figura 191) a seguir.

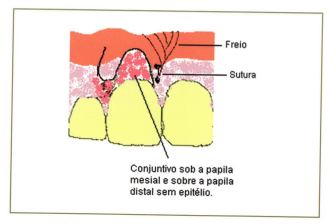

Figura 191. Adaptação do tecido conjuntivo.

8. Reposicionar a face distal do retalho sobre o conjunto papila / TC do lado distal e realizar sutura suspensória indo de distal a mesial, tracionando o retalho em sentido coronal. Suturar também a incisão vertical (Figura 192).

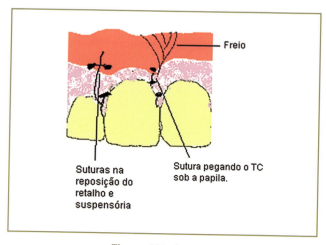

Figura 192. Suturas.

Caso clínico

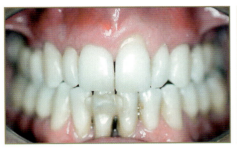

Figura 193. RG classe I de Miller no elemento 2.1 e freio de inserção gengival.

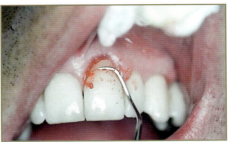

Figura 194. Raspagem radicular.

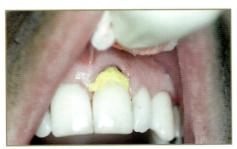

Figura 195. Aplicação de Tetraciclina Hidroclorada por quatro minutos.

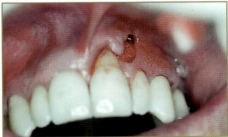

Figura 196. Após incisões subgengival, intrassulcular a mesial e vestibular do dente 2.1, e incisão vertical desenhando a papila distal, dividir o retalho indo até a mucosa alveolar, para facilitar a reposição coronal, principalmente a distal do elemento envolvido.

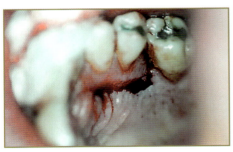

Figura 197. Remoção do enxerto no palato, usando a técnica de bisturi de lâmina dupla.

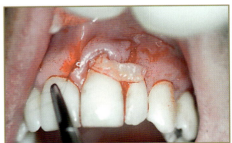

Figura 198. Adaptação do TC subgengival a mesial da RG, usando fio 6.0 de Nylon, semelhante à técnica de Allen, descrita neste capítulo.

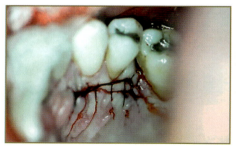

Figura 199. Sutura no palato.

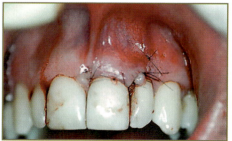

Figura 200. Sutura levando o retalho deslocado sobre o TC e a papila distal, realizando uma sutura simples e uma técnica de sutura suspensória pegando a gengiva marginal vestibular.

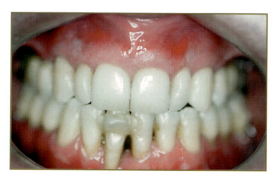

Figura 201. Resultado após 120 dias. Observe que a linha mucogengival está na posição adequada. O paciente realizará um implante no elemento 4.1 após regeneração óssea.

Deslize coronal de tecido conjuntivo

Em algumas situações clínicas, podem ser encontradas em regiões de incisivos centrais inferiores, RG associadas a vestíbulo raso, com pouca quantidade de gengiva inserida e freio labial de inserção gengival ou papilar.

Para estes casos, tem as seguintes opções de tratamentos, com seus respectivos resultados:

1. **Técnica de Bernimoulin e colaboradores:** possui o inconveniente de não resultar em uma estética favorável, devido à reposição coronal do retalho e de não conseguir aprofundar adequadamente o vestíbulo. Nesta técnica o enxerto gengival livre (EGL) seria adaptado sobre o freio labial, eliminando-o.

2. **Frenectomia e posterior EGL:** resultaria em uma estética desfavorável, associada à dependência da largura da RG, pelo uso do EGL.
3. **Frenectomia e posterior ETCSE:** não conseguiria aprofundar o vestíbulo.
4. **ETCSE:** não conseguiria aprofundar o vestíbulo e poderia resultar em insucesso, pelo tracionamento que o freio labial exerceria sobre o retalho deslocado coronal.

Knoshitas (1988) relata a influência negativa que o fundo de vestíbulo raso exerce na cicatrização das cirurgias periodontais.

Monnet-Corti & Borghetti (a) (2002), acreditam que as cirurgias periodontais cicatrizam melhor na ausência de freios de inserção papilar ou gengival.

Segundo Togoshi & Nara (2004), não se recomenda a correção de freios ou bridas nos momentos de cirurgias para tratar RG, pois diminuiria a nutrição e poderia incorrer em insucesso.

Tendo em vista todo este relato sobre a influência de vestíbulo raso e freio labial, Guimarães (2008) desenvolveu a cirurgia de Deslize Coronal de Tecido Conjuntivo (DCTC), que será descrita a seguir.

Técnica cirúrgica
1. Observar todos os princípios básicos comuns das cirurgias plásticas periodontais para recobrimento radicular.
2. Anestesia no fundo do vestíbulo da área receptora, nos dentes vizinhos e nas papilas a mesial (M) e distal (D) da RG.
3. Raspagem meticulosa e tratamento químico da raiz. Após estes procedimentos, lavar a RG com soro fisiológico.
4. Incisão intrassulcular, indo de uma proximal a outra, passando por vestibular, liberando retalho parcial até a mucosa alveolar (Figura 202).

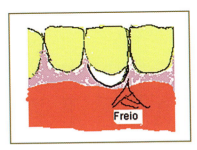

Figura 202. Incisão intrassulcular, dividindo o retalho, indo até a mucosa, vista em negrito.

5. Após anestesia no palato, remover tecido conjuntivo (TC) de maior espessura.
6. Adaptar o TC sob o retalho, não o deixando exposto (Figura 203) na próxima página.

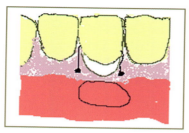

Figura 203. O TC está sob o retalho que foi dividido, representado pelo círculo. A área fica tumefada.

7. Após 60 dias, realizar um retalho de dupla papila, suturando-as entre si.
8. Dividir o TC que ficou exposto, que é deslocado sobre a RG, utilizando incisões em forma de "U" onde a base da incisão é dividida e deslocada em sentido coronal, suturando, usando a técnica suspensória. Com isto, consegue-se a remoção do freio labial (Figura 204).

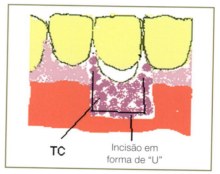

Figura 204. O TC está sob o retalho que foi dividido, representado pelo círculo. A área fica tumefada.

9. Suturar as papilas já unidas sobre o TC deslocado (Figura 205).

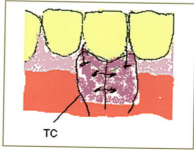

Figura 205. TC deslocado e a área de papilas suturadas.

10. É importante ressaltar que, se não for possível usar as papilas para realização de retalho de dupla-papila, pode o tecido conjuntivo ser somente deslocado para coronal, realizando um retalho pediculado.

Casos clínicos

Caso clínico 1

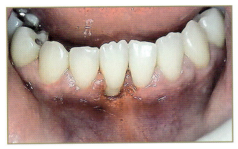

Figura 206. Retração classe II, de 3,0 mm no elemento 4.1, vista após raspagem, associado a vestíbulo raso e freio gengival de inserção papilar.

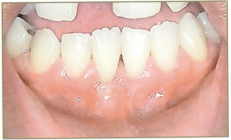

Figura 207. Após 60 dias da fase inicial, onde o enxerto foi adaptado sob o sulco gengival. Observe a tumefação da gengiva.

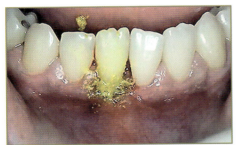

Figura 208. Após raspagem meticulosa, aplicou-se Tetraciclina Hidroclorada na raiz.

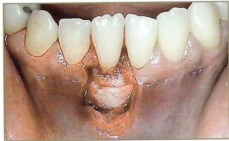

Figura 209. Incisão intrassulcular e incisões verticais, mostrando o tecido conjuntivo adaptado previamente sob a gengiva.

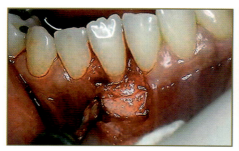

Figura 210. Segunda incisão, liberando o tecido conjuntivo a mesial e distal.

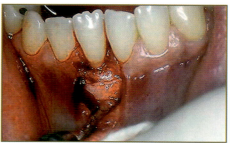

Figura 211. Incisão na base do tecido conjuntivo, para deslocá-lo a coronal, ficando preso na região cervical do dente.

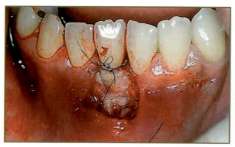

Figura 212. Sutura em forma de "X" e laçada em torno do elemento 4.1.

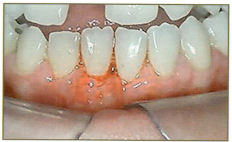

Figura 213. Resultado em 7 dias.

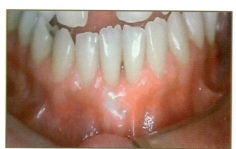

Figura 214. Resultado após 120 dias.

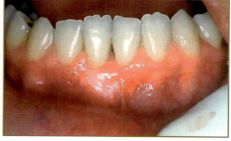

Figura 215. Observe que o vestíbulo, após 120 dias, foi aumentado, o freio está com inserção mucosa e houve boa cobertura radicular com excelente formação de gengiva inserida.

Caso clínico 2

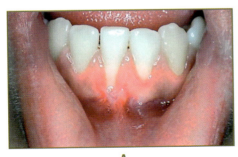
A

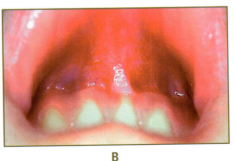
B

Figura 216. A) Retração classe II de Miller, com envolvimento de freio mucoso em forma de leque, resultado em vestíbulo raso no elemento; B) Aspecto visto por incisal.

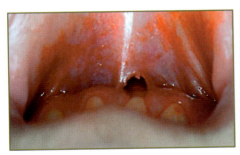

Figura 217. Vista incisal após a incisão intrassulcular, dividindo o retalho, para adaptação do TC.

Figura 218. Enxerto mais espesso removido.

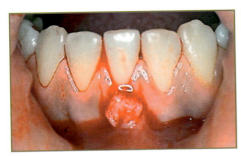

Figura 219. Tecido conjuntivo removido do palato, sendo adaptado sob o retalho realizado, dividido no sulco gengival.

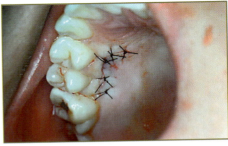

Figura 220. Suturas simples no palato.

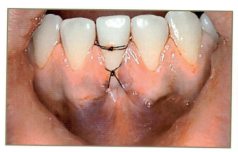

Figura 221. Sutura suspensória na região receptora.

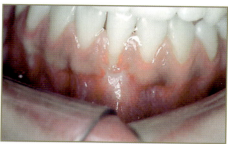

Figura 222. Aspecto 60 dias após a primeira fase. Observe a tumefação no fundo do vestíbulo, provocada pelo tecido conjuntivo adaptado sob o retalho.

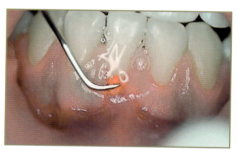

Figura 223. Raspagem radicular.

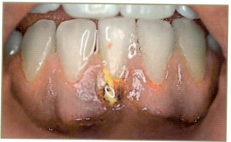

Figura 224. Aplicação de Tetraciclina Hidroclorada por 4 minutos.

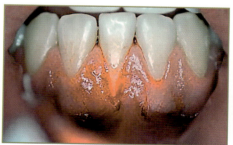

Figura 225. Incisões em forma de dupla papila.

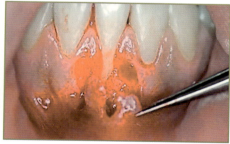

Figura 226. Deslocamento da incisão, usando divisão do retalho, vista por vestibular.

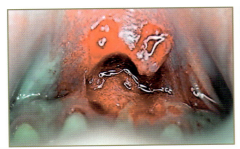
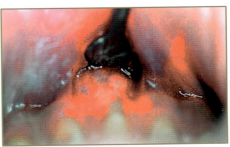

Figura 227. Deslocamento da incisão, vista em sentido incisal.

Figura 228. Visão, em sentido incisal, do tecido conjuntivo adaptado sob o retalho na primeira fase, que será deslocado sobre a raiz desnuda, em sentido coronal.

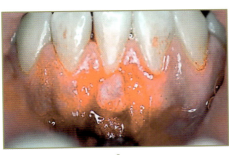
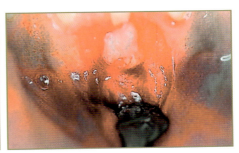

A   B

Figuras 229-A e 229-B. Conjuntivo deslocado em sentido coronal.

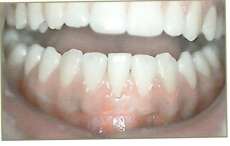

Figura 230. Após sutura do tecido conjuntivo de forma suspensória com fio 6.0 absorvível, sutura-se as papilas entre si e suas extremidades no restante das papilas que ficaram em sua posição original.

Figura 231. Resultado após 120 dias.

Tratamento não cirúrgico

No tratamento das RG, pode ser incluído o não cirúrgico, que é normalmente usado para retrações das classes I de Miller (1985), com resultados mais promissores, naquelas rasas e estreitas.

Goldman *et al.* (1964) descreveram o Creeping Attachment (CA), fenômeno no qual o tecido gengival prolifera e se desloca em sentido coronal sobre a raiz desnuda, em direção à junção amelocementária, recobrindo ainda mais uma RG preexistente.

Este CA é a base do tratamento não cirúrgico. Porém, para que ele possa acontecer, o paciente tem de estar com a técnica de higiene impecável, pois, se a raiz estiver contaminada, este fenômeno não ocorre.

Os principais quesitos e as particularidades deste tipo de tratamento são:
1. Dentes devem estar em boa posição na arcada: o CA não acontece em elementos girados, diastemas e em oclusão alterada.
2. Pacientes para a escolha do tratamento não cirúrgico das RGs devem ser mais jovens.
3. Rigoroso controle de higiene oral do paciente: observar a higiene não traumatogênica e controle profissional periódico de no máximo 3 em 3 meses.
4. Motivação do paciente: pelo fato de ser um tratamento longo e exigir bastante da cooperação do paciente, na higiene oral e nos controles periódicos.
5. Esclarecimento ao paciente: conversa franca sobre o prognóstico, tempo, cooperação deste e retorno periódico sistematizado ao profissional que o assiste.

É importante frisar que fotografias pré-operatórias e pós-operatórias devem fazer parte do arsenal da documentação do periodontista, não só para resguardo em âmbito cível, mas para efeito de comparação para o paciente (Figuras 232 e 233).

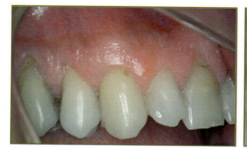

Figura 232. Retrações gengivais classe I de Miller do 1.3, 1.4 e 1.5. Foi instituído após raspagem, um controle de higiene de 3 em 3 meses.

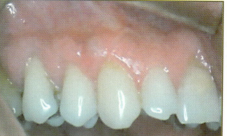

Figura 233. Após 14 meses de controle, houve pequena melhora na RG, principalmente no elemento 1.4.

Matriz dérmica acelular e uso de colágeno suíno

Os enxertos de tecido conjuntivo subepiteliais (ETCSE) são cirurgias que possuem a desvantagem de ter dois sítios cirúrgicos, fato este que aumenta a morbidade de um procedimento, desconforto para o paciente e pós-operatório com possibilidades de complicações. Isto pode levar à recusa deste tipo de terapia por parte dos pacientes.

Para a realização de recobrimentos radiculares sem a remoção do tecido conjuntivo (TC) no palato, pode ser usada a Matriz Dérmica Acelular (MDA).

Este material foi desenvolvido inicialmente para cobrir tecidos perdidos em queimados, obtido da pele humana de cadáveres, processado através da remoção da epiderme e células da derme, sem congelamento e desidratação, evitando assim uma resposta inflamatória na área receptora (AUCHER, 1998).

Na Odontologia seu início ocorreu em 1994 para recobrir raízes (em defeitos classe I e II de Miller, unitárias ou múltiplas), aumentar a faixa de gengiva inserida, remover as manchas melânicas e para solucionar defeitos anatômicos (CUNHA, 2004).

Buduneli *et al.* (2003) citam as seguintes vantagens no uso da MDA:

1. Diminuição do tempo cirúrgico, pelo fato de não haver a necessidade da remoção de tecido de outra área doadora, eliminando assim alguns riscos de complicações, como a hemorragia.
2. Facilidade de controlar a espessura desejada do enxerto.
3. Menos riscos de infecções.

É uma técnica bastante indicada para o recobrimento de RG, porém com pobres resultados, quando se tem o objetivo de criar tecido queratinizado (DUARTE et al., 2002). Os mesmos autores relatam que não ocorre o fenômeno de *creeping attachment* no uso da MDA para recobrimento de RG.

A MDA tem a vantagem de poder ser usada em regiões com RG múltiplas, porém, tem seu custo elevado e maior tempo de cicatrização.

Segundo Cortês *et al.* (2006), as cirurgias que foram realizadas com MDA têm menos chances de recidivas das RG, devido ao aumento de espessura de tecido que esta técnica produz.

A MDA apresenta um lado com TC, que deve ser adaptado sobre a raiz desnuda, e outra face de membrana basal (DUARTE et al., 2002). Porém, segundo Henderson *et al.* (2001), o lado que vai ser adaptado de encontro à RG não importa, pois produz o mesmo resultado.

Possui um resultado esteticamente favorável e em estudos histológicos foi encontrada a presença de fibras de elastina, o que comprova a incorporação deste biomaterial junto aos tecidos, com a menor incidência de cicatrizes.

Jhaveri *et al.* (2010) comparavam o uso de MDA impregnadas com fibroblatos gengivais com ETCSE. Como resultado, não houve diferença significante para parâmetros de recobrimento radicular e aumento na faixa de tecido queratinizado entre os grupos.

Pelo fato da MDA não ser de fácil acesso no Brasil, uma nova opção surgiu para a substituição deste material, que é o uso da matriz de colágeno de origem suína. É um material com a mesma função que a MDA a base de colágeno suíno natural tipo I e III e que não foi reticulado artificialmente. Possui uma superfície mais densa em um dos lados e por baixo desta, uma camada mais volumosa com poros. Segundo Sanz *et al.* (2009) possui resultados equiparáveis ao ETCSE.

Através de estudos histológicos imuno-histoquímicos e de microscopia eletrônica, foi verificado que este material não tem propriedades imunogênicas, sendo, portanto, seguro (LIVESEY, 1994). A técnica usada para o emprego do colágeno suíno é o mesmo usado para a MDA, sem no entanto, ter a necessidade de hidratar antes da colocação do mesmo no leito cirúrgico.

É um material de 2 camadas, sendo uma oclusiva com fibras colágenas tipo I e III e uma porosa, que permite a de criação de um espaço para a formação de um coágulo sanguíneo e consequentemente a formação de tecido queratinizado, com a vantagem de diminuir o tempo cirúrgico e a mobilidade (SANZ *et al.* 2009).

Técnica cirúrgica

Antes de iniciar a cirurgia, coloque a MDA em um pote com soro fisiológico para a sua hidratação (Figuras 234-A e 234-B).

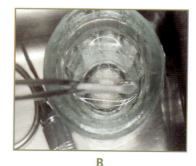

A   B

Figura 234. A) aspecto da MDA; B) hidratação da MDA em um pote Dappen com soro fisiológico.

1. Observar todos os princípios básicos comuns das cirurgias plásticas periodontais para recobrimento radicular.
2. Anestesia no fundo do vestíbulo da área receptora, nos dentes vizinhos e nas papilas a mesial (M) e distal (D) da RG.
3. Raspagem meticulosa e tratamento químico da raiz. Após estes procedimentos, lavar a RG com soro fisiológico.

4. Incisões à escolha. Podem ser usadas incisões horizontais e depois as verticais (Figura 235-A), ou somente as incisões horizontais (Figura 235-B), dividindo o retalho além da junção mucogengival, com o objetivo de poder tracioná-lo em sentido coronal, para recobrir a MDA.

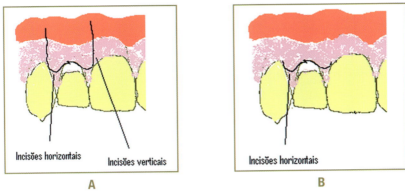

Figura 235. Opções de abertura de retalho para MDA.
A) Incisões horizontais e verticais e B) Incisões horizontais.

5. Com uma pinça, remover o invólucro de papel que está junto à membrana basal (Figura 236, A e B).

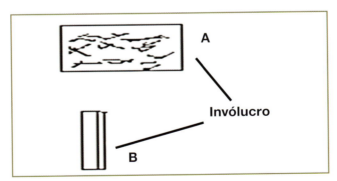

Figura 236. A) Vista frontal da MDA; B) Vista lateral da MDA.

6. Adaptar a MDA sobre a RG, com a mesma técnica que se adapta um ETCSE.
7. Após tracionar o retalho sobre a MDA, cobrindo-a, realize suturas usando fios 6.0 de preferência absorvíveis, passando na sequência de retalho, MDA, papila, lace o dente por lingual ou palatal, indo até a outra proximal, passe a agulha no sentido retalho, MDA e papila. Volte pelo mesmo caminho, indo pela proximal que iniciou a sutura e dar o nó.

Caso clínico

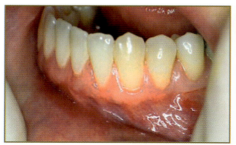

Figura 237. Retração classe I de Miller do elemento 3.4.

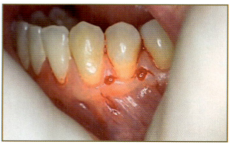

Figura 240. Incisão horizontal e incisões verticais.

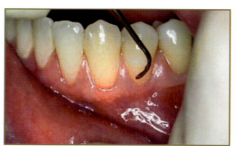

Figura 238. Raspagem.

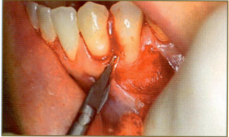

Figura 241. Remoção do epitélio das papilas a M. e D. do elemento.

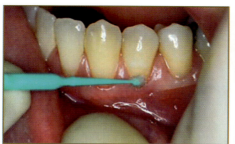

Figura 239. Aplicação de ácido cítrico por 3 minutos.

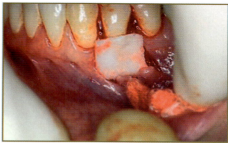

Figura 242. Adaptação da MDA sobre a RG.

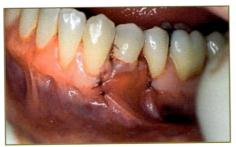 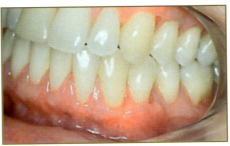

Figura 243. Após suturas da MDA, usando a técnica suspensória, sutura-se o retalho nas incisões verticais e horizontais, com fio 6.0 de Nylon.

Figura 244. Condição 60 dias após a cirurgia.

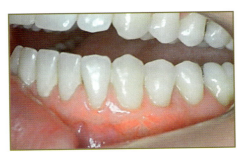

Figura 245. Situação clínica após 120 dias. Bom recobrimento radicular e condição estética favorável.

Regeneração tecidual guiada

O principal objetivo de um periodontista, após a uma terapia regenerativa, é o de conseguir como resultado a formação de um novo osso, novo ligamento periodontal (LP) e novo cemento.

Nos casos de RG, Tinti *et al.* (1992) conseguiram uma regeneração sobre raízes desnudas, usando um retalho que foi reposicionado coronalmente, sem o uso do TC subepitelial, sob o qual havia membrana não absorvível, cuja cirurgia foi chamada de Regeneração Tecidual Guiada (RTG). Esta cirurgia, normalmente usada em RG classe I e II de Miller, pode recobrir RG, aumentar a quantidade de gengiva inserida (GI) e resultar na formação de novo osso, LP e cemento (PARMA-BENFENATI & TINTI, 1998). Porém, a melhor indicação da RTG é em regiões onde houve grandes perdas de tecido periodontal de suporte (BOSCO *et al.*, 2010).

Esta migração celular provém do LP, que foi isolado do epitélio pela utilização de membrana e facilitado pelo arcabouço que esta promove sobre a RG, deixando espaço suficiente para o repovoamento tecidual sobre a raiz.

Melcher (1976) relata que pela barreira física que a membrana promove durante a cicatrização da RTG, as células do LP e endósteo, que repovoarão o coágulo formado, podem diferenciar em cementoblastos, osteoblastos e fibroblastos, originando o processo de regeneração. Bosco et al. (2010) observaram, após acompanhamento clínico de 4 anos, a formação de uma faixa de tecido queratinizado sobre a região onde foi feita a RTG.

O grau de rigidez da membrana, que dá a capacidade de retenção do coágulo, é de suma importância, pois esta não pode colar sobre a raiz, o que impediria o processo de cura (CAFESSE & BECKER, 1991).

Um dos pontos frágeis desta técnica cirúrgica é a possibilidade de a membrana ou as chamadas barreiras se exporem durante o processo de cicatrização, levando a contaminar-se e a resultar em insucesso. Estas barreiras podem expor, devido a (HENRIQUES, 2003):

1. Manipulação inadequada do retalho, pela falta de liberação adequada deste da mucosa alveolar, traumatismo e deixar falha na nutrição;
2. Espessura do tecido, que, se for muito fino, pode necrosar ou contrair mais facilmente;
3. Dentes com raízes proeminentes e fora do arco dental, impedindo a migração celular sobre a RG e
4. Acúmulo de biofilme dental, contaminando a membrana.

Borghetti & Monnet-Corti (d) (2002) acreditam a exposição da membrana aos seguintes fatores:
→ Irritação do retalho sobre a membrana;
→ Tensão do retalho, devido a não liberação adequada deste do fundo do vestíbulo na mucosa alveolar;
→ Necrose do retalho e
→ Erro técnico.

Para a realização da RTG, há a opção do uso de barreiras absorvíveis (biodegradáveis) e não absorvíveis. No entanto, todas as barreiras promovem o ganho de inserção conjuntiva (HENRIQUES, 2003), desde que sejam bem indicadas e utilizadas. O mesmo autor relata que uma das desvantagens de se utilizar barreiras absorvíveis, é a resposta inflamatória que ocorre em seu processo de absorção.

Nyman et al. (1982), estudando o sucesso da terapia de RTG para recobrimento de raízes desnudas, encontraram que com o uso de membranas absorvíveis foram conseguidos 72% de sucesso de cobertura radicular e 76%, com o uso de membranas não absorvíveis. Nickles et al. (2010) não encontraram diferença estatisticamente significante entre o uso de membrans absorvíveis e não absorvíveis, quando comparado o resultado de recobrimento radicular entre os dois tipos de materiais.

Rego (1992) reavaliou membranas de colágeno bovino para o uso em RTG tipo deiscência e mostrou baixo padrão de irritabilidade tecidual, com aposição cementária, mesmo com sua reabsorção ocorrendo entre 20 a 45 dias.

As membranas absorvíveis mais usadas são as de colágeno, ácido poliglicólico e as de copolímeros destes materiais (PINI PRATO et al., 2002). Os mesmos autores citam a utilização de membranas reforçadas de titânio, que é a mais indicada para cirurgias de RTG.

Com o objetivo de manter o espaço suficiente sob a membrana, pode ser usado também um material de enxertia osseoindutora, osseocondutora ou de ambos os comportamentos.

A RTG é uma cirurgia com resultados, em termos regenerativos, promissores. Porém, Borghetti & Monnet-Corti (d) (2002) acreditam que esta terapia seja mais indicada para casos em que há alguma lesão óssea encontrada por vestibular, assim como em reabsorção óssea, promovendo um defeito em forma de cratera.

Lindhe (1997) acredita que a RTG tem resultados melhores, quando comparados à técnica de Reposição Coronal do Retalho, em casos de RG mais profunda.

Alves, et al. (2010) preconizam também o uso de fio PDS II da Ethicon ®, composto de polydioxanona trançado adaptado sobre a RG, em forma de "X", sem o uso de barreiras, atuando como arcabouço para sustentação do tecido gengival, para a proteção do coágulo formado, como cirurgia alternativa para a RTG.

Marcantônio Jr. (1997) e Pini Prato et al. (2002) relatam as seguintes vantagens e desvantagens da RTG, conforme Tabela 3.

Tabela 3. Vantagens e desvantagens da RTG.

Vantagens	Desvantagens	Autores
Possibilidade de inserção de TC e osso	Custo elevado	Marcantônio Jr. (1997) e Pini Prato (2002)
Melhor recobrimento de RG profunda	Seleção rigorosa de pacientes e técnica longa	Pini Prato (2002)
—	Cuidados pós-operatórios mais rigorosos	Marcantônio Jr. (1997) e Pini Prato (2002)
Ausência de intervenção no palato	Duas cirurgias (adaptação da membrana e sua remoção em casos de membranas não absorvíveis)	Marcantônio Jr. (1997) e Pini Prato (2002)

Técnica cirúrgica

1. Observar todos os princípios básicos comuns das cirurgias plásticas periodontais para recobrimento radicular.
2. Anestesia no fundo do vestíbulo da área receptora, nos dentes vizinhos e nas papilas a mesial (M) e distal (D) da RG.
3. Raspagem meticulosa e tratamento químico da raiz. Após estes procedimentos, lavar a RG com soro fisiológico.
4. Incisões horizontais preservando as papilas até as proximais dos dentes vizinhos. Após esta incisão, realiza incisões verticais ou relaxantes, indo até a mucosa alveolar, liberando o retalho (Figura 246).

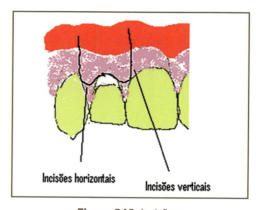

Figura 246. Incisões.

5. Desepitelize as papilas, usando lâminas de bisturi, tesouras ou instrumentos rotatórios.
6. Com um periótomo ou algum descolador, desloque as papilas desepitelizadas, para que a membrana possa situar-se sob elas (Figura 247).

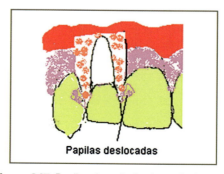

Figura 247. Papilas desepitalizadas e deslocadas.

7. Adaptar a membrana sobre a raiz, observando para que suas extremidades fiquem sob as papilas deslocadas (Figuras 248-A e 248-B e Figura 249).

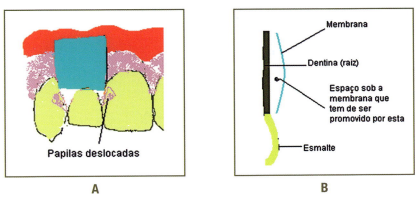

Figura 248. A) membrana adaptada sobre a raiz e sob as papilas; B) Esquema de pequeno espaço entre a raiz e a membrana, favorecendo a migração celular.

Figura 249. Caso não use membrana absorvível ou reforçada com titânio, pode ser realizada uma manobra adaptando uma sutura absorvível, pegando de uma extremidade a outra no centro da membrana, dando um pouco de aperto da sutura, formando um arcabouço sob ela, dando assim um espaço para migração celular vindo do ligamento periodontal.

8. Suturar as papilas na membrana (Figura 250).

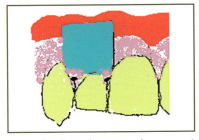

Figura 250. Papilas sobre a membrana e suturada.

9. Reposicionar o retalho a coronal sobre a membrana e realizar suturas suspensórias e nas incisões relaxantes (Figura 251).

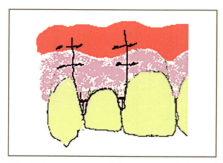

Figura 251. Suturas suspensórias e nas incisões relaxantes.

Se for adaptado membrana não absorvível, ela deve ser removida após 6 a 8 semanas.

Casos clínicos

Caso clínico 1

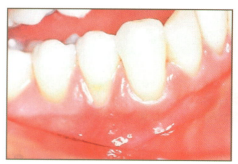

Figura 252. Retração gengival na região do elemento 4.4.

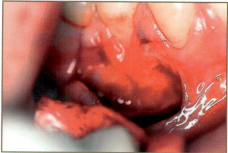

Figura 253. Após procedimentos de raspagem e condicionamento radicular, faz-se incisões horizontais próximas à base da RG e incisões verticais a mesial e distal, dividindo o retalho.

Tratamentos das retrações gengivais 189

Figura 254. Após deslocamento das papilas que foram previamente desepitelizadas, adapta-se a membrana sob estas e sutura as papilas que foram deslocadas sobre a membrana.

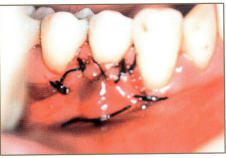

Figura 255. Deslocamento coronal do retalho sobre a membrana com sutura suspensória e nas incisões verticais.

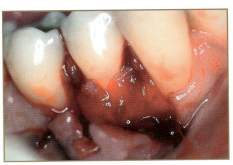

Figura 256. Reentrada após 60 dias, para a remoção da membrana. Observe tecido gelatinoso, compatível com tecido cicatricial.

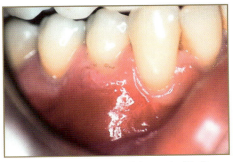

Figura 257. Condição clínica após 90 dias.

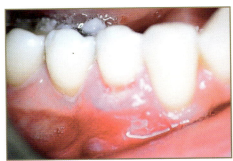

Figura 258. Condição clínica após 120 dias.

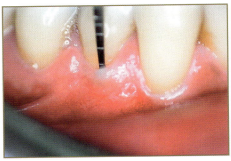

Figura 259. Sondagem de 2,0 mm verificada após 120 dias.

Caso clínico 2

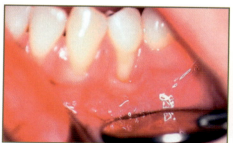

Figura 260. Retração classe II de Miller do elemento 3.4.

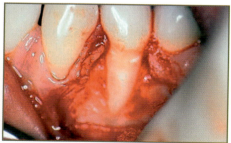

Figura 261. Após raspagem e aplicação de Tetraciclina Hidroclorada, faz-se a divisão do retalho com incisões horizontais e verticais, desepitelização e deslocamento das papilas com instrumento deslocador de periósteo.

Figura 262. Dobra da membrana não absorvível, para formar um arcabouço e permitir uma área "vazia" para migração celular sobre a raiz.

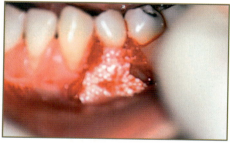

Figura 263. Membrana adaptada sobre a raiz e sob a papila (seta).

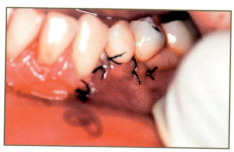

Figura 264. Suturas suspensórias e nas incisões relaxantes com fio 5.0 de seda.

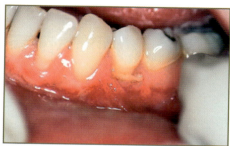

Figura 265. Após a remoção das suturas em 10 dias, foi verificada exposição da membrana.

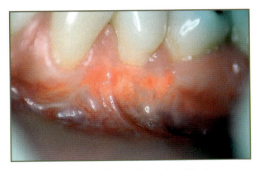

Figura 266. Resultado após 180 dias.

Microcirurgia plástica periodontal

A microcirurgia plástica periodontal, com o objetivo de recobrir retrações gengivais, é um recurso de extrema valia, com boas indicações, com procedimentos cirúrgicos menos invasivos, sendo utilizada principalmente em RG classe I de Miller. Deve ser avaliado o uso rotineiro devido ao elevado custo do equipamento, das cirurgias e tempo maior de tratamento.

Utilizando microscópios adaptados para o uso em cirurgias, requer do clínico um treinamento específico para a realização destes procedimentos, com uso de instrumentos adequados (microinstrumentos) e de microssuturas (fios 8.0).

A microcirurgia plástica periodontal, segundo Vaz de Campos & Tumenas (1999), tem a característica de ser atraumática, proporciona a coaptação de bordo a bordo, favorece a cicatrização de primeira intenção, evita as incisões relaxantes, permite uma cicatrização mais rápida, resulta em ausência de cicatrizes e deiscências e tem um pós-operatório de excelente qualidade, sem transtornos para o paciente. Associado a estes fatores, pode ser citada a qualidade de elevada da postura do profissional durante a cirurgia, que a assume ergonomicamente, sem prejuízos à coluna verterbral, devido à imposição que o microscópio exige.

Costa et al. (2010) ainda relacionam a vantagem do uso desta técnica cirúrgica, com melhores resultados estéticos e menor inflamação no pós-operatório. Citam ainda a possibilidade da realização de incisões verticais divergentes, indo além da junção mucogengival.

Bitencourt (2009) verificou que a cirurgia para recobrimento de RG que usaram microscópio, tem um recobrimento radicular estatisticamente maior em relação as que não usavam este equipamento. O mesmo autor encontrou um recobrimento radicular total superior para os casos em que foram usados os microscópios.

Técnica cirúrgica

A técnica cirúrgica descrita foi proposta por Vaz de Campos & Tumenas (1998).

1. Observar todos os princípios básicos comuns das cirurgias plásticas periodontais para recobrimento radicular.
2. Anestesia no fundo do vestíbulo da área receptora, nos dentes vizinhos e nas papilas a mesial (M) e distal (D) da RG.
3. Raspagem meticulosa e tratamento químico da raiz. Após estes procedimentos, lavar a RG com soro fisiológico. Se for necessário, pode ser realizado recontorno da raiz com brocas multilaminadas.
4. Com um quebra lâminas Castro-Viejo e utilizando uma lâmina de barbear (Figura 267), faça a primeira incisão, que é iniciada próximo à junção cemento--esmalte e envolvendo toda a papila distal e mesial do dente com a RG. Uma segunda incisão é feita de 1,0 a 2,0 mm apical à primeira (Figura 268).

Figura 267. Quebra-lâminas Castro-Viejo, com lâmina de barbear quebrada na medida da adaptação no instrumento.

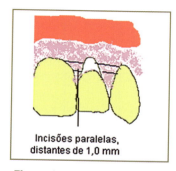

Figura 268. Incisões paralelas.

5. Remoção da faixa de tecido entre as duas incisões com microtesoura cirúrgica (Figura 269).

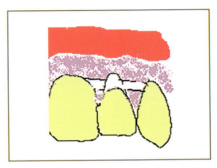

Figura 269. Após remoção da faixa de tecido queratinizado entre as duas incisões.

6. Realiza uma incisão sulcular, promovendo um retalho de espessura parcial.
7. Remoção do tecido conjuntivo junto ao palato e sua adaptação sob o retalho.
8. A primeira sutura, dada como estabilizadora, é realizada com fio 6.0, promovendo a estabilização do retalho e conjuntivo, junto ao leito receptor. Uma segunda sutura é realizada com fio 8.0, com o objetivo de coaptarem as incisões borda a borda. O tecido conjuntivo enxertado pode ficar exposto (Figura 270).

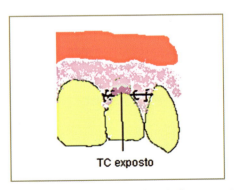

Figura 270. Após suturas, o TC pode ficar exposto.

Casos clínicos

Caso clínico 1

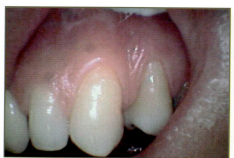

Figura 271. Retração classe I do elemento 2.3.

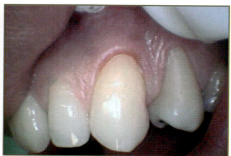

Figura 272. Após a raspagem.

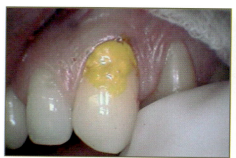

Figura 273. Aplicação de Tetraciclina Hidroclorada.

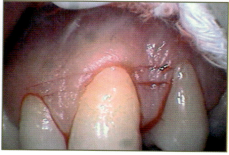

Figura 274. Incisões horizontais, paralelas entre si, aproximadamente na largura da RG.

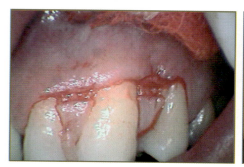

Figura 275. Após a remoção da faixa de gengiva queratinizada entre as duas incisões horizontais.

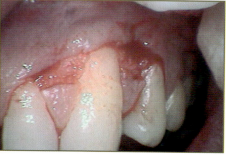

Figura 276. Divisão do retalho, preservando as papilas.

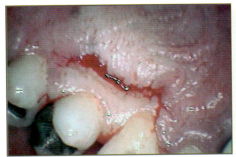

Figura 277. Remoção do enxerto no palato, usando a técnica de Harris (bisturi de lâmina dupla).

Figura 278. Remoção do epitélio do conjuntivo, que está sobre um lençol de borracha estéril.

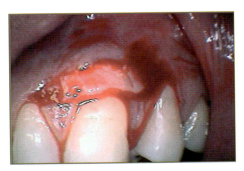

Figura 279. TC adaptado sobre a raiz.

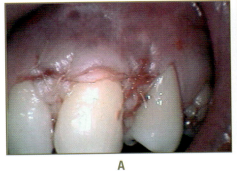
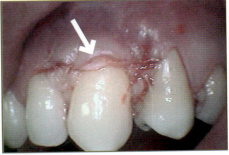

A   B

Figura 280. A) Suturas realizadas com fios 6.0 e 8.0 absorvíveis; B) Observe na seta pequena parte do TC ficou exposta, sem significado clínico.

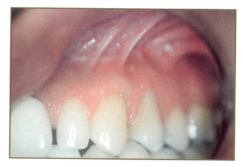

Figura 281. Resultado após 90 dias.

Caso clínico 2

Neste caso clínico, foi realizada a técnica de microcirurgia plástica periodontal, para reposição coronal do retalho, sem o uso do Enxerto de Tecido Conjuntivo Subepitelial.

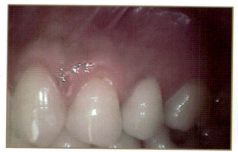

Figura 282. RG classe I de Miller no elemento 2.4.

Figura 283. Quebra-lâminas Castro-Viejo montada com a lâmina de barbear.

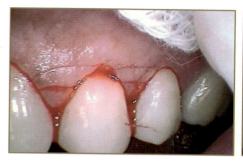

Figura 284. Incisões paralelas próximas à base das papilas, usando o Quebra-lâminas Castro-Viejo e distantes entre si 1,0 mm.

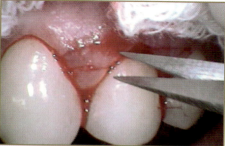

Figura 285. Remoção do epitélio entre as incisões.

Tratamentos das retrações gengivais

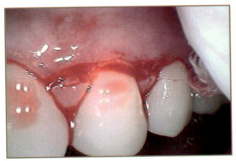

Figura 286. Após a remoção do epitélio, na faixa de gengiva preexistente.

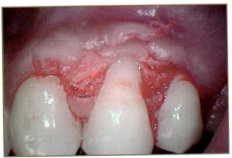

Figura 287. Após divisão do retalho e raspagem meticulosa.

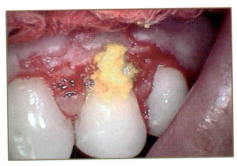

Figura 288. Aplicação de Tetraciclina.

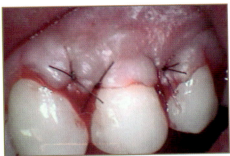

Figura 289. Suturas com fio 6.0 de Nylon.

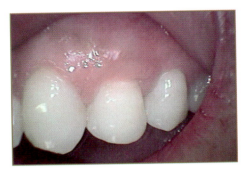

Figura 290. Resultado após 60 dias. Haverá remodelação do tecido após 180 dias, desaparecendo o excesso de gengiva queratinizada a distal da figura.

Referências bibliográficas

AINAMO, A. *et al*. Location of the mucogengival junction 18 years after apically repositioned flap surgery. *J. Clin. Periodontol.* 1992. 19: 49-52.

AGUDIO, G. *et al*. Periodontal conditions of sites treated width gingival--augmentation surgery compared to untreated contralateral homologous sites: a 10-to 27-year long-term study. *J. Periodontol.* 2009. 80: 1399-1405.

ALLEN, A. L. The use a supraperiosteal envelope and soft tissue grafting for root coverage. I. Rationale and technique. *Int. J. Periodontol. Rest. Dent.* 1994. 14(3): 217-227.

ALVES, D. C. C. *et al*. Recobrimento radicular utilizando a técnica do PDS II. *PerioNews*. 2010. 4(5): 441-447.

ALVES, R. V. *et al*. Retalho deslocado lateralmente associado ao enxerto subepitelial de tecido conjuntivo. *PerioNews*. 2007. 1(1): 35-39.

AUCHER, B. M. Augmentation of facial sift-tissue defect with alloderm graft. *Ann. Plast. Surg.* 1998. 41: 503-507.

BERNIMOULIN, J. P. *et al*. Coronary repositioned periodontal flap. *J. Clin. Periodontol.* 1975. 2: 1-13.

BITTENCOURT, S. *Avaliação clínica da utilização de microscópio operatório no tratamento de recessões gengivais com enxerto conjuntivo subepitelial.* Tese doutorado – FOP – Unicamp. Piracicaba, 2009.

BJORN, H. Free transplantation av gingival própria [abstrat]. *Tidn.* 1963. 55, 84.

BORGHETTI, A.; MONNET-CORTI, V. Retalho Reposicionado Lateralmente. *In*: BORGHETTI, A.; MONNET-CORTI, V. *Cirurgia Plástica Periodontal*. Porto Alegre: Artmed, 2002.

_____. Retalho Reposicionado Coronalmente. *In*: BORGHETTI, A.; MONNET-CORTI, V. *Cirurgia Plástica Periodontal*. Porto Alegre: Artmed, 2002.

_____. Enxerto de Tecido Conjuntivo Associado ao Retalho Reposicionado Coronalmente. *In*: BORGHETTI, A.; MONNET-CORTI, V. *Cirurgia Plástica Periodontal*. Porto Alegre: Artmed, 2002.

_____. Critérios de Decisão no Recobrimento Radicular. *In*: BORGHETTI, A.; MONNET-CORTI, V. *Cirurgia Plástica Periodontal*. Porto Alegre: Artmed, 2002.

_____. Frenectomia. *In*: BORGHETTI, A.; MONNET-CORTI, V. *Cirurgia Plástica Periodontal*. Porto Alegre: Artmed, 2002.

BOSCO, A. F. *et al*. Estética em Periodontia: Cirurgia plástica periodontal. *In*: SALLUM, A. W. *et al*. *Periodontologia e Implantodontia. Soluções Estéticas e Recursos Clínicos*. São Paulo: Ed Napoleão, 2010.

BOWERS, G. M. A study of the width of attachment gingival. *J. Periodontol*. 1963. 34: 201-209.

BRUNO, J. F. Connective tissue graft technique assuring wide root coverage. *J. Periodontol. Res. Dent*. 1994. 14: 127-137.

BUDUNELI, E. *et al*. Acellular dermal matrix allograft used to gain attached gingiva in a case of epidermoysis bullosa. *J. Clin. Periodontol*. 2003. 30(11): 1011-1015.

CAFFESE, R. G.; BECKER, W. Principles and techinique of guieded tissue regeneration. *Dental Clin. North. Am*. 1991. 35: 470-474.

CAFFESE, R. G.; GUINARD, E. A. Treatment of gingival localized recession. Prt IV. Results after three years. *J. Periodontol*. 1980. 51: 167-170.

CAMARGOS, P. M. *et al*. O uso de enxerto gengivais livres com objetivos estéticos. *Periodontol 2000*. 2003. 2(27): 72-96.

CASTI, M. Z. *et al*. Tratamento de retrações gengivais pela técnica de retalho semilunar posicionado coronalmente. *Rev. Assoc. Paul. Cirurg. Dent*. 2001. 55(3): 169-172.

CHAMBRONE, L. A. *et al*. Estudo clínico do dente doador de retalho deslocado para tratamento de retrações gengivais. *Rev. Periodontia*. 1998. 7(2): 66-69.

COHEN, D. W.; ROSS, S. E. The double papillae repositioned flap in periodontol therapy. *J. Periodontol*. 1968. 39: 65-70.

CORTELLINI, P. *et al*. Guieded tissue regeneration procedure in the treatment of a bone dehiscence associated with a gingival recession: a case report. *Int. J. Periodontics. Rest. Dent*. 1991. 11: 461-467.

CORTÊS, A. Q. *et al*. A two-year prospective study of coronally positioned flap with ou whithout acellular deraml matrix graft. *J. Clin. Periodontol*. 2006. 33(9): 683-689.

COSTA, G. *et al*. Recobrimento radicular e reanatomização dentária com finalidade estética: relato de um caso. *Innov. Implant. J. Biomater. Esthet*. 2010. 5(1): 78-81.

CUNHA, F. A. Diferentes opções de utilização da matriz dérmica acelular em odontologia. *Rev. Int. Periodontia. Clin*. 2004. 1: 109-113.

DUARTE, C. A. *et al*. Cirurgia Mucogengival. 149-238. *In*: DUARTE, C. A. *Cirurgia Periodontal Pré-protética e Estética*. São Paulo: Ed. Santos, 2002.

DAL PRA, D. J.; STRAHAN, J. D. A Clinical evaluation of benefits of a course a oral penicillin following periodontal sugery. *Aust. Dent. J.* 1972: 219-229.

FONTANARI, L. A. *et al.* Enxerto de tecido conjuntivo subepitelial: uma alternativa em cirurgia plástica periodontal. *PerioNews.* 2009. 3(2): 131-135.

GOLDMANN, H. M. *et al. Periodontal Therapy.* 3ª ed. Saint-Louis: CV Mosby Co, 1964.

_____. *Atlas Cirúrgico do Tratamento da Doença Periodontal.* São Paulo: Quintessence, 1991.

GRUPE, W. E.; WARREN, R. F. Repair of gingival defects by slinding flap operation. *J. Periodontol.* 1956. 27: 92-95.

GUIMARÃES, G. M. Recobrimento radicular: apresentação de técnica. *Rev. Assoc. Paul. Cirg. Dent.* 2007. 61(1): 74-76.

_____. Deslize coronal do tecido conjuntivo – proposta de técnica. *PerioNews.* 2008. 2(4): 301-305.

HARRIS, R. J. The connective tissue and partial ticknes double pedicle graft: a predictable method of obtaining root coverage. *J. Periodontol.* 1992. 63: 477-486.

HARRIS, R. J.; HARRIS, A. W. The coronally postioned pedicle grafth with inlaid margins: a predictable method of obtaining root coverage of challow defects. *Int. J. Periodontics Rest. Dent.* 1994. 14: 228-241.

_____. La greffe pediculee a positionnement coronaire et à bords encastrés: une methode fiable de recouvement radiculaire em cas de xdéfauts superficiels. *Rev. Int. Parodont. Dent. Rest.* 1994. 14: 229-241.

HENDERSON, R. D. *et al.* Predicatable multiple site root coverage using in acellular dermal matrix allograft. *J. Periodontol.* 2001. 72(5): 571-582.

HENRIQUES, P. G. Estética em Periodontia e Cirurgia Plástica Periodontal. *In*: HENRIQUES, P. G. *Recobrimento Radicular com Regeneração Tecidual Guiada.* São Paulo: Ed. Santos, 2003.

ISENBERG, G. A. Autoenxerto gengival. *In*: STAHLL, S. S. *Cirurgia periodontal – bases biológicas e técnicas.* São Paulo: Panamerican, 1981.

JHAVERI, H. M. *et al.* Acellular dermal matrix seeded with autologus gingival fibroblasts for the treatment of gingival recession: a proof-of-concept study. *Periodontol.* 2000. 81: 616-625.

KARRING, T. *et al.* Conservation of tissue specifically after heterotopic transplantation of gingiva and alveolar mucosa. *J. Periodontol. Res.* 1971. 6: 282-293.

KNOCHITAS, S. Fatores Etiológicos na Doença Periodontal. *In*: KNOCHITAS, S. *Atlas Colorido de Periodontia.* São Paulo: Santos, 1988.

LANGER, B.; CALAGNA, L. The subephitelial connective tissue graft. *J. Prost. Dent.* 1980. 44: 363-367.

LANGER, B.; LANGER, L. Subephitelial connective tissue graft technique for root coverage. *J. Periodontol.* 1985. 56(12): 715-720.

LINDHE, J. *Tratado de Periodontologia Clínica e Implantologia Oral*. 3ª ed. Rio de Janeiro: Guanabara Koogan, 1997.

LINS, L. H. S. *et al*. Contração do enxerto gengival livre: avaliação clínica. *Rev. Periodontia*. 1998. 7(1): 43-51.

LIVESEY, S. *Na acelular dermal transplant processed from human allograftt skin retains normal extracelular matrix componentes and ultrastructural characteristics*. AATB conference 1994, p. 20-24.

MARCANTÔNIO Jr., E. *Tratamento de recessões gengivais. escolha entre enxertos gengivais e RTG*. XVII Congresso da Sociedade Brasileira de Periodontologia. XXIII Reunião dos Professores de Periodontia. 9 a 12 de abril de 1997. Vitória-ES. Programa Geral e Anais, p. 49.

MATTER, J. Creeping attachment of free gingival grafts. A Five-year follow-up study. *J. Periodontol.* 1980. 51(12): 681-685.

MELCHER, A. H. On the repair potencial of periodontol tissues. *J. Periodontol.* 1976. 47: 864-871.

MELCHER, A. H.; ACCURSI, G. E. Osteogenic capacity of periosteal and osteoperiosteal flaps elevated from the perietal bone of the rat. *Arch. Oral. Biol.* 1971. 16: 573-580.

MILLER Jr., P. D. A classification of marginal tissue recession. *Int. J. Period. Rest. Dent.* 1985. 5: 9-13.

MONNET-CORTI, V.; BORGHETTI, A. Cuidados Pós-operatórios, Cicatrização, Complicações e Insucessos em Cirurgia Plástica Periodontal. *In*: BORGHETTI, A.; MONNET-CORTI, V. *Cirurgia Plástica Periodontal*. Porto Alegre: Artmed, 2002.

_____. Enxerto gingival epitélio conjuntivo. In: BORGHETTI, A.; MONNET--CORTI, V. *Cirurgia Plástica Periodontal*. Porto Alegre: Artmed, 2002.

NASSAR, P. O. Retalho semilunar reposicionado coronalmente para recobrimento de recessão gengival associada a hipersensibilidade – Relato de caso clínico. *Rev. Int. Periodontia Clin.* 2006. 3(8): 8-11.

NEMCOVSKY, C. E. *et al*. A multicenter comparative study of two root coverage procedures coronally advanced flap with addition of enamel matriz proteins and subpedicle connective tissue graft. *J. Periodontol.* 2004. 75(4): 600-607.

NICKLES, K.; RATKA-KRUGER, P.; NEUKRANZ, E.; RAETZKE, P.; EICKHOLZ, P. Te-year results after connective tissue grafts and guieded tissue regeneration for root coverage. *J. Periodontol.* 2010. 81(6): 827-836.

NOBERG, O. Ar em utlakning utan vavnadsörlust otönkbar vid kirurgisk behandling av s.k. alvoparpyorrea? *Svensk Tandläkar Tidskrift.* 1926. 58: 171.

NYMAN, S. *et al.* New attachmente following surgical treatment of human periodontal diseace. *J. Clin. Periodontol.* 1982. 9: 290-296.

PARMA-BENFENATI, S.; TINTI, C. Histologic evaluation of a new attachment utilizing a titanium-reinforced barrier membrane in a mucogingival recession defect. A case reprt. *J. Periodontol.* 1998. 69: 834-839.

PINI PRATO, G. P. *et al.* Tratamento das Recessões por Regeneração Tecidual Guiada. *In*: BORGHETTI, A.; MONNET-CORTI, V. *Cirurgia Plástica Periodontal.* Porto Alegre: Artmed, 2002.

PFEIFER, J. S.; HELLDER, R. histologic evolution of full and partial theckness lateral repositioned flaps: a pilot study. *J. Periodontol.* 1971. 42: 331-333.

RAETZEK, P. P. Covering localized areas of root exposure employng the "envelope" technique. *J. Periodontol.* 1985. 56: 397-402.

REGO, D. M. *Avaliação do comportamento tecidual da membrana de colágeno no periodonto de cães. Análise histológica.* Dissertação de Mestrado. Araraquara: Faculdade de Odontologia, UNESP, 1992.

RIBEIRO, E. D. P. *et al.* Retalho posicionado coronalmente associado a proteína morfogenêtica derivada de esmalte em recessões gengivais: estudo histométrico em cães. *Rev. Periodontia Supl. Esp.* 2003. 13(8): 55.

SANZ, M. *et al.* Clinica evaluation of a new collagen matriz (mucograft® prototype) to enhance the width of keratinized tissue in patients width fixed prosthetic restorations: a randomized prospective clinical trial. *J. Clin. Periodontol.* 2009. 36(10): 868-876.

STUDER, S. P. *et al.* The thickness of masticatory mucosa in the human hard palate and tuberosity as potencial donor sites for ridge argumentation procedures. *J. Periodontol.* 1997. 68: 145-151.

SULLIVAN, H. C.; ATTKINS, J. H. Free autogenous gingival grafts. I. Principles of successful. *Grafting Periodonties.* 1969. 6(3): 121-129.

TARNOW, D. P. Semilunar coronally repositioned flap. *J. Clin. Periodontol.* 1986. 182-185.

THE AMERICAN ACADEMY OF PERIODONTOLOGY. *Annals of periodontology world workshop in periodontics.* 1996. 1: 671-706.

TINTI, C. *et al.* Guieded tissue regeneration in the treatment of human facial recession. A 12-case report. *J. Periodontol.* 1992. 63: 554-560.

TOGOSHI, A. Y.; NARA, A. M. Técnica cirúrgica periodontal do envelope supraperiosteal: relato de caso. *Rev. Int. Periodontia Clin.* 2004. 1(1): 15-18.

VAZ DE CAMPOS, G.; TUMENAS, I. Microcirurgia plástica periodontal com matriz dérmica acelular. *Rev. Assoc. Paul. Cirg. Dent.* 1999. 53(6): 487-491.

_____. Microcirurgia plástica periodontal: uma alternativa biológica e estética no recobrimento de raízes. *Rev. Assoc. Paul. Cirg. Dent.* 1998. 52(4): 319-323.

WENNSTRÖN, J.; PINI PRATO, G. P. Terapia Mucogengival. *In*: LINDHE, J. *Tratado de Periodontia Clínica e Implantologia Oral.* 3ª ed. Rio de Janeiro: Guanabara Koogan, 1997.

_____. Terapia Mucogengival. *In*: LINDHE, J. *et al. Tratado de Periodontia Clínica e Implantologia Oral.* 4ª ed. Rio de Janeiro: Guanabara Koogan, 2005.

WILDERMANN, M. N.; WENTZ, F. M. Repair of dentogingival defect width a pedicle falp. J. Periodontol. 1965. 36: 218-231. *In*: DUARTE, C. A. *Cirurgia Periodontal Pré-protética e Estética.* São Paulo: Ed. Santos, 2002.

ZUCCHELLI, G. Inter-pério. Curso Internacional Teórico Demonstrativo de Cirurgia Plástica Periodontal. *Assoc. Paul. Cirurg. Dent.* São Paulo, 25 a 27 de outubro de 2007.

ZUCCHELLI, G. *et al.* Predetermination of root coverage. *J. Periodontol.* 2010. 81(7): 1019-1026.

Capítulo 8

CONSIDERAÇÕES FINAIS

GUIMARÃES, G. M.

A retração gengival (RG) tem um papel de suma importância na estética gengival, sendo o principal motivo de queixas por parte dos pacientes e, consequentemente, sua correção torna-se uma cirurgia de alta frequência dentro das cirurgias plásticas periodontais.

Como visto, os tratamentos das RG incluem uma gama de terapêuticas, sendo tratamentos cirúrgicos ou não cirúrgicos ao alcance do clínico. Com esta diversidade de terapias, surgem dúvidas de qual devemos escolher para tratar a RG.

A escolha de uma das técnicas disponíveis está relacionada a profundidade de vestíbulo, inserção de freios e bridas, condições gengivais e ósseas interproximais, tipos de RG e condições de mucosa ceratinizada circunvizinhas ao defeito gengival (ZUCCHELLI & SANCTIS, 2000).

Uma comparação de resultados clínicos bem documentados seria de grande valia para a escolha da terapia a ser realizada. Porém, poucos estudos foram publicados com este objetivo (WENNSTRÖN & PINI PRATO, 1997).

Quando estes resultados são publicados, eles são sempre apresentados por meio de médias e porcentagens, como citado por Cairo *et al.* (2009), que propuseram um sistema de avaliação dos resultados estéticos no tratamento de RG, verificando o nível da margem gengival, o contorno do tecido marginal, a textura do tecido gengival, a cor gengival e nova posição da junção mucogengival, nomeando escores para cada item avaliado, isto feito após a terapia cirúrgica. A cobertura total da retração tinha peso de avaliação de 60% do total dos escores e 40% para as outras variáveis citadas acima.

Estes sistemas de avaliação, que são dados em percentual, não pontuam a combinação tecidual e a satisfação do paciente, que é de importância vital (BOUCHARD *et al.*, 2003).

Wennströn & Pini Prato (1997) publicaram um percentual médio de resultados de sucesso para cada cirurgia para recobrimento radicular, conforme Tabela 1.

Tabela 1. Percentual médio de sucesso no recobrimento radicular.

Técnica cirúrgica	Percentual médio de recobrimento radicular
Deslize Lateral do Retalho (DLR)	68%
Retalho de Dupla Papila (RDP)	68%
Enxerto Gengival Livre (EGL)	73%
Regeneração Tecidual Guiada (RTG)	74%

Técnica cirúrgica	Percentual médio de recobrimento radicular
Reposição Coronal do Retalho (RCR)	83%
Enxerto de Tecido Conjuntivo Subepitelial (ETCSE)	91%

Borghetti & Monnet-Corti (2002), ao verificarem resultados de diversas cirurgias, ponderaram:
1. O DLR é raramente empregado, sendo reservado para condições bastante favoráveis;
2. A RCR tem poucas indicações, sendo pouco utilizada;
3. O EGL, devido a sua baixa qualidade de resultado estético, pode ser usado em RG mandibulares;
4. O ETCSE tem melhores indicações e resultados e
5. A RTG tem poucas indicações, portanto, é pouco utilizada.

Isto nos leva a crer que os autores acima mencionados, podem ser mais partidários ao uso do enxerto de tecido conjuntivo sub-epitelial em detrimento às outras técnicas.

Outra técnica que promete bons resultados e tem boas indicações é o uso do plasma rico em fibrina (PRF). Retirado sangue do próprio paciente e centrifugado, o PRF (parte amarelada do tudo de ensaio) é adaptada sobre a RG e suturada, usando uma das técnicas descritas no capítulo 7.

Eren e Atilla (2012) comparando o ETCSE associado a RCR, como o uso do PRF associado ao RCR, não encontrou diferenças de resultado de cobertura para ambas as técnicas, porém, com a vantagem de que na técnica de PRF + RCR, não tem um segundo sítio cirúrgico, como acontece quando se usa TC como material de enxertia.

Em estudos realizado por Silva (2004), comparando cirurgias de RCR com ETCSE, não encontrou diferença estatisticamente significante entre as duas técnicas para recobrimento das RG. Porém, há maior formação de tecido queratinizado para cirurgias de ETCSE, o que pode aumentar as queixas dos pacientes com referência ao volume aumentado de gengiva, no resultado conseguido.

Muito importante para um planejamento de um procedimento na plástica periodontal, é o conhecimento das expectativas do paciente (CASATI, 2009).

O tipo de cicatrização é fator preponderante para a durabilidade dos resultados, que deve formar tecido que resistam a traumas e ação bacteriana.

Gottolow, et al. (1986) relataram que as cirurgias de DLR, RCR, EGL e ETCSE cicatrizam na forma de epitélio juncional longo (EJL), com mínima inserção de tecido conjuntivo (TC) na parte apical da lesão e não há formação de osso alveolar.

Egelberg (1997), em uma revisão da literatura, considera que a formação de novo TC nas cirurgias para recobrimento radicular é relatada em raros casos, não sendo, portanto, muito comum na cicatrização final.

Borghetti & Monnet-Corti (2002) descrevem que todos os retalhos deslocados cicatrizam na forma de EJL. Já o EGL cicatriza fornecendo fibras colágenas paralelas à raiz e a RTG cicatriza em forma de EJL na parte cervical da raiz e a formação de novo TC, inserido ou não, junto a novo cemento e à pequena formação de osso apical a retração coberta.

Zucchelli & de Sanctis (2000) preconizaram uma mudança no tipo de incisão para tratamento de RG múltiplas, em que a incisão parte do ponto correspondente, na gengiva, à junção cemento-esmalte de um dente e segue obliquamente até a margem gengival mais apical do dente lateral, exceto na região de caninos, devido à curvatura do arco dental, em que as incisões vão da junção cemento-esmalte até a margem apical dos dentes vizinhos, tanto a mesial como a distal do referido dente (Figura 291).

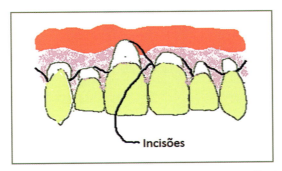

Figura 291. Incisões modificadas. Observe a inversão na região de caninos. Deve ser, neste caso, verificada a posição do freio e a profundidade de vestíbulo, pois há o envolvimento entre os incivos centrais superiores.

Existe ainda o crédito a Zabalegui et al. (1999) para o tratamento das RGs múltiplas, classe I de Miller, usando a técnica de túnel, muito parecida com a técnica de Allen.

Uma preocupação justificada do profissional é a posição que a linha mucogengival (LMG) adquire após aos procedimentos cirúrgicos descritos para tratamento das RGs. Segundo Trombelli et al. (1994), após 12 meses a LMG toma a posição correspondente à profundidade que antes era a RG, que foi coberta cirurgicamente.

Borghetti & Monnet-Corti (2002) fizeram uma comparação das diversas cirurgias realizadas para recobrimento radicular e concluíram o que está exposto na Tabela 2.

Tabela 2. Comparativo de resultados de cirurgias.

Características	Cirurgias
Melhores resultados estéticos	RCR, DLR, ETCSE + RCR, ETCSE (Envelope) e Semilunar
Pior resultado estético	EGL
Melhores recobrimentos radiculares	ETCSE (Langer & Langer, Bruno e Envelope) e EGL
Piores recobrimentos radiculares	DLR
Melhores ganhos em espessura gengival	ETCSE + RCR e ETCSE + DLR
Piores ganhos em espessura gengival	DLR, RCR e Semilunar
Melhores aumentos de tecido queratinizado	EGL, ETCSE e DLR
Menores ganhos de tecido queratinizado	RCR e Semilunar
Maior custo	RTG
Pior pós-operatório	EGL
Difícil pós-operatório	ETCSE
Resultados superiores	ETCSE e RCR

É importante colocar que nesta obra, segundo observações feitas, pode-se discordar com a tabela dois no ponto em que o EGL não seria colocado nos melhores recobrimentos radiculares e sim nos piores recobrimentos de RG (GUIMARÃES, 1999). Também pode ser citado que o DLR deveria ser retirado como uma das piores soluções para RG. Estes fatos, porém, nos levam a citar a curva de aprendizado, onde um profissional pode dominar uma técnica em outro profissional não consegue bons resultados.

Ainda Borghetti & Monnet-Corti (2002) chamam a atenção para os seguintes aspectos:

→ Cuidado com papilas pequenas para as cirurgias de DLR, RCR, RTG e envelope;
→ Com RG largas, não se usa DLR e tem de ter reservas para o EGL;
→ Para RG profundas, não se usa a RCR.

O uso da matrix derivada de esmalte (MDE) em recobrimentos radiculares possui a vantagem de reduzir o tempo operatório e a morbidade, mas aumenta o custo final do tratamento. Devido aos fatores supracitados, sua utilização pode ser questionada se verificar os estudos conduzidos por Sallum *et al.* (2003), que não encontraram diferença estatisticamente significante, quando compara cirurgia de RCR com e sem o uso da MDE.

Tendo em vista todos os aspectos verificados na literatura, pode-se resumir as indicações das técnicas cirúrgicas conforme Tabela 3.

Tabela 3. Indicações das técnicas cirúrgicas.

Tipo de retração	Características	Cirurgias
Classe I	Quantidade suficiente de gengiva inserida (GI), boas papilas e boa profundidade de vestíbulo	RCR, DLR (se tiver boa quantidade de tecido doador a lateral), retalho semilunar, ETCSE, RTG, MDA e EGL
	Pouca quantidade de GI, boas papilas e boa profundidade de vestíbulo	DLR (se tiver boa quantidade de tecido doador a lateral) ETCSE, RTG, MDA, EGL e técnica de Bernimoulin *et al.*
Classe I (continuação)	Pouca quantidade de GI, papila de baixa qualidade e bom vestíbulo	ETCSE (menos técnica de Harris), MDA, Bernimoulin e EGL
	Pouca quantidade de GI, papila de baixa qualidade e vestíbulo raso	ETCSE (menos técnica de Harris), MDA, técnica de Bernimoulin *et al.* e EGL. Analisar se no ETCSE as técnicas de Langer & Langer e Bruno não vão piorar a profundidade de vestíbulo
Classe II	Pouca quantidade de GI, boas papilas e boa profundidade de vestíbulo	DLR (se tiver boa quantidade de tecido doador a lateral) ETCSE, RTG, MDA, EGL e técnica de Bernimoulin *et al.*
	Pouca quantidade de GI, papila de baixa qualidade e bom vestíbulo	ETCSE (menos técnica de Harris), MDA, técnica de Bernimoulin *et al.* e EG
	Pouca quantidade de GI, papila de baixa qualidade e vestíbulo raso	ETCSE (menos técnica de Harris), MDA, técnica de Bernimoulin *et al.*, Deslize Coronal de Tecido Conjuntivo e EGL. Analisar se no ETCSE as técnicas de Langer & Langer e Bruno não vão piorar a profundidade de vestíbulo
Classe III Lembrar do pobre prognóstico	Pouca quantidade de GI, ausência de papila e bom vestíbulo	ETCSE (menos técnica de Harris), MDA, técnica de Bernimoulin et al. e EGL
	Pouca quantidade de GI, ausência de papila e vestíbulo raso	ETCSE (menos técnica de Harris), Deslize Coronal de tecido conjuntivo, técnica de Bernimoulin et al. e EGL. Analisar se no ETCSE as técnicas de Langer & Langer e Bruno não vão piorar a profundidade de vestíbulo

É importante ressaltar que, dentro de uma mesma técnica, podemos ter uma porcentagem variada de resultados para o recobrimento radicular, variando de 55 a 99% (SANTAMARIA et al., 2010).

O uso da RTG está sendo questionado sobre suas vantagens no universo das técnicas cirúrgicas plásticas periodontais, com o objetivo de recobrir raízes desnudas, tendo em vista seu elevado custo em relação ao benefício conseguido (HENRIQUES, 2003).

Existem alguns fatores que podem influenciar no recobrimento radicular, conforme Tabela 4 (adaptado de Santamaria et al., 2010).

Tabela 4. Fatores que podem influenciar no recobrimento radicular.

Fator	Ação	Autor
Classificação de Miller	Nutrição dos tecidos interproximais	Miller (1985)
Identificação da junção cemento-esmalte (JCE)	Interpretação de resultados devido a dificuldades de identificar a posição da JCE	Zucchelli, et al. (2006)
Espessura tecido gengival	Nutrição dos tecidos gengivais. Espessura inferior a 0,8 mm está relacionada a recobrimento da RG parcialmente	Hwang & Wang (2006)
Dimensões das papilas	Nutrição dos tecidos papilares	Saletta, et al. (2001)
Altura das RG	Dificuldade de nutrição sobre a raiz desnuda. Recobrimento total das RGs maiores que 5,0 mm, estão na casa de 50% de chance	Wennstrón & Zucchelli (1996)
Fumo	Provoca dificuldade de nutrição na cicatrização	Martins et al. (2004)
Tensão e posição do retalho	Nutrição e contração que influencia no retalho. Colocar o retalho 2,0 mm além da JCE, para compensar a contração e assim melhorar o recobrimento das RG	Pini Prato et al. (2005)
Má posição dental	Pode dificultar a nutrição	Zucchelli et al. (2006)

Para julgar um resultado, é importante considerar a textura do tecido, a ausência de cicatrizes, a posição adequada da LMG e sulco gengival raso, sendo compatível com um bom controle do biofilme bacteriano (CAMPOS, 2009).

A influência da faixa de tecido queratinizado nas RGs ainda esbarra em trabalhos controversos. Porém, é de bom procedimento observar que uma quantidade mínima de 2,0 mm de mucosa ceratinizada favorece a manutenção da saúde gengival (LANG & LOE, 1972). Para o recobrimento radicular total, a espessura mínima para se conseguir um bom prognóstico, segundo Baldi *et al.* (1999), deve ser maior que 0,8 mm.

É importante frisar que as incisões verticais podem produzir mais cicatrizes que aquelas cirurgias realizadas sem este tipo de incisão. Como consequência, a não utilização das incisões verticais pode melhorar o prognóstico de um recobrimento radicular, devido a não interrupção da nutrição vinda das áreas interproximais da RG.

Greenstein & Caton (1990) alertam para o principal quesito para se conseguir um bom resultado nas terapias periodontais, que é a eliminação de todos os processos inflamatórios.

Outro ponto importante para o sucesso duradouro de um tratamento cirúrgico ou não é a fase de manutenção (LINDHE & NYMANN, 1987), que está sendo muito negligenciado pelo paciente e profissional, que tem uma responsabilidade inquestionável na motivação do paciente.

Garcia *et al.* (2002), pesquisando 53 pacientes sobre o retorno periódico ao consultório após terapia periodontal, encontraram 16,98% que apresentavam retorno completo, 64,15% que compareciam irregularmente e 18,87%, se ausentaram nas revisões periódicas.

Deve-se verificar o prognóstico para recobrimento radicular segundo a classificação de Miller: a cobertura radicular favorável, com chances de 100% de sucesso, estão relacionadas às RG classes I e II; cobertura radicular com baixo sucesso, de característica parcial, são próprias das RG classes III; impossibilidade de cobertura racicular são características das RG, classes IV (MILLER, 1985). No entanto, é inegável que se faça uma observação minuciosa da altura óssea e a qualidade da papilas ao redor das RGs, que devem estar saudáveis.

Rasperini *et al.* (2011) destacam que a habilidade do cirurgião, a atenção ao correto suprimento sanguíneo e à técnica de sutura adequada (que não suprime o suprimento sanguíneo e promove uma reposição do retalho que esteja imóvel) são condições que promovem a cobertura radicular total, por meio de técnicas cirúrgicas previsívies. Os mesmos autores ainda citam que a quantidade de gengiva queratinizada, o biotipo periodontal e a profundidade de vestíbulo devem ser verificados criteriosamente, para um prognóstico favorável para se consiga o recobrimento radicular total. Ainda Rasperini *et al.* (2011) relacionam os seguintes fatores para a escolha das diversas técnicas cirúrgicas para recobrimento radicular:

1. Paciente: relacionado a cooperação, expectativas e aspectos psicológicos;
2. RG múltiplas ou unitárias, o que é fator preponderante para a escolha da terapia cirúrgica;
3. Se a RG está localizada em áreas estéticas ou não estéticas, o que pode levar ao questionamentp de realizar ou não a cirurgia;
4. Sítios com sensibilidade;
5. Defeitos anatômicas em torno da RG, como a influência da profundidade de vestíbulo, quantidade e qualidade de gengiva queratinizada e biotipo periodontal;

6. Boa estabilidade do retalho, advindo de uma sutura adequada e
7. Tipo de biomaterais usados e sua previsibilidade de cobertura radicular.

É importante informar ao paciente, na primeira consulta, a consulta de planejamento, da possibilidade que as cirurgias podem sofrer um nova intervenção no mesmo local em que se tentou o recobrimento radicular, seja para uma nova tentativa de recobrir totalmente a retração, devido à contração que o enxerto sofre, ou ainda a remoção de excesso de tecido que se formou, devido a quantidade maior de enxerto que o cirurgião adaptou.

Após 10 anos de estudo (NICKLES et al., 2010), foi verificado que ocorre uma perda de cobertura radicular tanto para o enxerto de tecido conjuntivo subepitelial como para a regeneração tecidual guiada.

Vale ainda ressaltar a participação da Ortodontia no tratamento das RGs, fazendo o tracionamento do elemento dental, desde que se possa realizar neste dente o corte oclusal ou incisal deste, ou ainda seja candidato a uma coroa protética (KASSAB & COHEN, 2003).

Segundo Frizzera et al. (2013) a maioria dos pacientes não tem o conhecimento sobre a RG ou não dão importância para tal condição. Porém, para aqueles que conhecem tal condição, podem procurar o tratamento por medo de perda dentária, fatores estéticos e hipersensibilidade dentinária.

É inegável que a RG tem papel de destaque na estética gengival, prejudicando assim a estética dental. Para seu tratamento existe uma gama de procedimentos cirúrgicos ou não cirúrgicos. Quando bem indicado, o tratamento de escolha terá uma boa previsibilidade, associado a isto a importante cumplicidade do paciente, trazendo satisfação não só para ele, mas também para o profissional que o assiste. As técnicas cirúrgicas aqui apresentadas, como as de enxerto de tecido conjuntivo, enxerto de livre de tecido queratinizado, deslizes lateral e coronal do retalho, técnica mista e microcirurgias podem também ser indicadas para a cirurgia plástica periimplantar, em que se tem observado um aumento na demanda nas clínicas deste tipo de alteração estética, a maioria para correção de exposição de componentes protéticos e até de parafusos expostos, o que não deveria acontecer, pois um bom planejamento para implante, deveria passar antes para uma adequação dos tecidos moles.

Referências bibliográficas

BALDI, C.; PINI-PRATO, G.; PAGLIARO, U. Coronally advanced flap procedure for root coverage. Is flap thickness a relevant predictor to achieve root coverage. A 19-case series. *J. Periodontol.* 1999. 70: 1077-1084.

BORGHETTI, A.; MONNET-CORTI, V. Critérios de Decisão no Recobrimento Radicular. *In*: BORGHETTI, A.; MONNET-CORTI, V. *Cirurgia Plástica Periodontal*. Porto Alegre: Artmed, 2002.

BOUCHARD, P. *et al*. Tomando Decisão em estética: revisão de recobrimento radicular. *Periodontol 2000*. 2003. 2(27): 97-120.

CAIRO, F. *et al*. Root Coverage esthetic score: a system to evaluate the esthetic outcome of the treatment of gingival recession through evaluation of clinical cases. *J. Periodontol*. 2009. 80(4): 705-710.

CAMPOS, G. V. A periodontia em sintonia da estética dental. *In*: NERY, C. F. A Periodontia em sintonia da estética dental. *Ver. Assoc. Paul. Cirurg. Dent*. 2009. 3(3): 178-184.

CASATI, M. Z. A periodontia em sintonia da estética dental. *In*: NERY, C. F. A periodontia em sintonia da estética dental. *Rev. Assoc. Paul. Cirurg. Dent*. 2009. 3(3): 178-184.

EGELBERG, J. *Recent clinical research on periodontal therapy. Comments and synopses. Anais do XXI Congresso da Sociedade Brasileira de Periodontologia*. Vitória-ES. 1997, p. 60-62.

EREN, G.; ATILLA, G. Platelet-rich fibrin in the treatment of bilateral gingival recessions. *Clin. Adv. Periodontics*. 2012. 2; 154-160.

FRIZZERA, F.; VIEIRA, G. H.; MOLON, R. S.; PEÇANHA, M. M.; MARCANTÔNIO Jr., E.; SAMPAIO, J. E. C. Recobrimento radicular para tratamento de hipersensibilidade dentinária cervical persistente. *PerioNews*. 2013 7(1): 42-49.

GARCIA, P. P. N. S. *et al*. Avaliação da cooperação com retorno periódico de pacientes submetidos à terapia periodontal. *Rev. Periodontia*. 2002. 13(6): 30-33.

GUIMARÃES, G. M. Recobrimento radicular com enxerto gengival livre – Relato de casos clínicos. *Rev. Periodontia*. 1999. 8(1): 55-58.

GREENSTEIN, G.; CATON, J. Periodontal disease cativity: a critical assessment. *J. Periodontol*. 1990. 61: 543-552.

GOTTLOW, J. *et al*. Treatment of localized gingival recession with coronally displaced flaps and citric acid. *J. Clin. Periodontol*. 1986. 13: 57-63.

HWANG, D.; WANG, H. L. Flap tickness as a predictor of root coverage: a systematic review. *J. Periodontol*. 2006. 77: 1625-1634.

HENRIQUES, P. G. Recobrimento Radicular com Regeneração Tecidual Guiada (RTG). *In*: HENRIQUES, P. G. *Estética em Periodontia e Cirurgia Plástica Periodontal*. São Paulo: Ed. Santos, 2003.

KASSAB, M. M.; COHEN, R. E. The etiology and prevalence of gingival recession. *J. Am. Dent. Assoc*. 2003. 134(2): 220-225.

LANG, N. P.; LOE, H. Relationship between the width of keratinized gingiva and gingival health. *J. Periodontol*. 1972. 43: 623-627.

LINDHE, J.; NYMAN, S. Clinical trial in periodontal therapy. *J. Periodontol. Res.* 1987. 22: 217-221.

MARTINS, A. G. *et al.* Smoking may affect root coverage outcome: a prospective clinical study in humans. *J. Periodontol.* 2004. 75: 586-591.

MILLER Jr., P. D. A classification of marginal tissue recession. *Int. J. Period. Rest. Dent.* 1985. 5: 9-13.

NICKLES, K.; RATKA-KRUGER, P.; NEUKRANZ, E.; RAETZKE, P.; EICKHOLZ, P. Te-year results after connective tissue grafts and guieded tissue regeneration for root coverage. *J. Periodontol.* 2010. 81(6): 827-836.

RASPERINI, G.; ACUNZO, R.; LIMIROLI, E. Decision making in gingival recession treatment scientific evidence and clinical experience. *Clin. Adv. Periodontics.* 2011. 1(1): 41-52.

SALETTA, D. *et al.* Coronally advanced flap procedure: is the intredental papilla a prognostic factor for a root coverage? *J. Periodontal.* 2001. 72: 760-766.

SALLUM, E. A. *et al.* Coronally positioned flap width or without enamel matrix protein derivatiave for the treatment of gingival recessions. *Am. J. Dent.* 2003. 16: 287-291.

SANTAMARIA, M. P. *et al.* Fatores anatômicos locais que podem influenciar no recobrimento radicular. *Rev. Perionews.* 2010. 4(4): 372-378.

SILVA, R. C. Root coverage using the coronally positioned flap with or without a subepithelial connective tissue graft. *J. Periodontal.* 2004. 75: 413-409.

TROMBELLI, L. *et al.* Combined guieded tissue regeneration, root conditionning and fibrin-fibronectin system application in the treatment of gingival recession a 15-case report. *J. Periodontol.* 1994. 65: 796-803.

WENNSTRÖN, J. L.; PINI-PRATO, G. Mucoginval Therapy. *In*: LINDHE, J. *et al. Clinical Periodontology and Implant Dentistry.* 3ª ed. Copenhagen: Munksgaard, 1997.

WENNSTRÖN, J. L.; ZUCCHELLI, G. Increased gingival dimensions. A significat factor for successful outcome of root coverage procedures? A 2-year propesctive clinical study. *J. Clin. Periodontol.* 1996. 23: 770-777.

ZABALEGUI, I. *et al.* Treatment of multiple adjacent gingival recessions width the tunnel subephitelial connective tissue graft. A clinical report. *Int. J. Periodont. Rest. Dent.* 1999. 19(2): 199-206.

ZUCCHELLI, G. *et al.* Clinical and anatomical factors limiting treatment outcomes of gingival recessions: a new method to predetermine the line of coverage. *J. Periodontol.* 2006. 77: 714-721.

ZUCCHELLI, G.; SANCTIS, M. Treatment of multiple recession-type defects in patients with esthetic demands. *J. Periodontol.* 2000. 71(9): 1506-1514.